부동산에 관련된 세금 왕초보의 특급 절세 전략 전격 공개!

부동산을 중심으로 한 **절세포인트**

상속·증여·양도소득세

부동산에 관련된 세금 왕초보의 특급 절세 전략 전격 공개!

부동산을 중심으로 한 **절세포인트**
상속·증여·양도소득세

이동현 지음

창해

아주 작은 지식을 알지 못한다는 이유로
많은 대가(代價)를 치르는 일이 없기를…

살다보니 어르신 소리를 듣는 날이 오고야 말았다.
세금을 처음 접하게 된 것은 수십 년 전 세무서 재산세과에 입사하여 알게
되었으니 강산이 3번 이상 바뀌는 시간이 흘렀다.

재산세는 부동산에 관한 세금 중 양도소득세, 상속세, 증여세를 말한다.
경험에 의하면 평소 경험하지 않은 것이나 경험해 보지 않은 것은 꺼려 하
거나 멀리하게 된다.

요즘 주변에는 세금에 대한 궁금증을 풀어줄 고수들도 많고, 검색엔진도
잘 돌아가니 조금만 부지런하다면 세금 문제는 잘 해결된다. 그러나 기본
적인 세금 시스템을 직접 알지 못한다면 많은 비용과 스트레스를 감당해
야 한다.
능력 없음에도 이렇게 책을 내게 된 이유는, 세금에 대한 아주 작은 지식
을 알지 못한다는 이유로 많은 대가(代價)를 치르는 것을 많이 보게 되었
다. 따라서 두 번 다시 그런 대가를 치르는 사람이 없기를 바라며 책을 내
게 되었다.

매년 5월은 소득세 확정신고의 달이다. 전년도 부동산 양도자들에게 양도
소득세 안내문을 발송하게 된다.

지금도 생생하게 기억나는 일은 예전에 음식점을 하는 납세자가 12만 원은 너무 많아서 양도소득세 안내문을 가져와서 흥분한 목소리로 왜 이리 세금이 많이 나왔는지 따지러 왔었다. 필자가 안내문을 받아 확인하니, 양도소득세 1,200만 원이 적힌 고지서였다.

작년에 양도한 부동산에 대한 양도소득세라 설명하니 난리가 났다. 앞 숫자 12만 보고 12만 원도 많다고 달려왔는데, 세금이 1,200만 원이라고 하니 할 말을 잃은 표정이었다.

이 상황에서 보듯, 부동산 소유권 이전을 하는 경우에 자주 발생한다. 전례 없는 부동산 가격의 상승은 부자들만 내야 한다는 것으로 여겨졌던 상속세를 일반인 대부분도 납부할 수 있다는 상황이 되었다. 이제는 부동산 세금에 대해 준비해야 할 때이다.

평소 세금에 대해 조금만 알고 대비한다면 충분히 만족할 정도의 세금으로 누구나 마무리할 수 있다.

세금 고지서를 받은 많은 납세자들이 일반적으로 가진 생각은 부동산 가격이 폭락하고 손해를 볼 때 정부가 지원해 준 것도 도와준 것도 없는데, 지들이 부동산 가격 올려놓고 세금은 왜 걷어가냐고 항의할 것이다.

세금을 늘이고 줄일 수 있는 책임은 오로지 납세자뿐이다.

2022년 2월 중순 어느 눈 오는 날
저자 이동현

머리말 4

I 꼭 알아야 하는 절세 원칙

| 1 | 절세는 평소에 준비하는 것이다. 15

| 2 | 주택 수에 따른 양도전략을 세워야 한다. 16

| 3 | 보유 부동산의 상황을 정확하게 확인하여야 한다. 17

| 4 | 실질과세원칙 18

| 5 | 비과세, 감면 조건을 정확하게 알아야 한다. 18

| 6 | 양도시기나 취득시기, 세율 적용에 대해서 제대로 알아야 한다. 19

| 7 | 양도소득세 부당행위계산 19

| 8 | 허위계약서(다운계약서, 업계약서 등)를 작성하면 안 된다. 20

| 9 | 정해진 일정을 지켜야 한다. 22

| 10 | 예상 세액을 비교하여 본다. 22

| 11 | 손실이 발생해도 반드시 신고한다. 23

| 12 | 양도소득세 합산과세 24

| 13 | 점포가 딸린 겸용주택 양도소득세 계산 방법에 유의 24

| 14 | 부부 공동명의로 취득한다. 26

| 15 | 별도 세대를 만든다. 27

| 16 | 증빙서류는 비용 발생시 그때그때 챙겨야 한다. 27

Ⅱ 양도소득세

1	법의 종류	31
2	법적용의 원칙	32
3	세금의 종류	33
4	양도소득세	34
5	양도소득이란	35
6	양도소득세를 내는 양도의 종류	37
7	양도소득세를 내는 양도의 종류-부담부증여	41
8	양도에 해당되지 않는 경우	42
9	양도소득세 납세의무자(세금을 낼 의무가 있는 자)	44
10	납세의무의 범위	45
11	납세의무의 소멸	48
12	양도소득세의 부과제척기간	49
13	납세지 및 과세 관할	49
14	과세기간	50
15	양도소득세 과세되는 자산의 범위(부동산을 중심으로)	51
16	양도소득세 세액계산 흐름도	53
17	양도가액	54
18	취득가액	56
19	필요경비	58
20	실지거래가액의 입증자료	59

21	장기보유특별공제	61
22	양도소득기본공제	63
23	양도소득세 기본세율	64
24	비사업용 부동산	66
25	비사업용 토지 양도소득세율	69
26	오피스텔의 세금	69
27	양도의 시기, 취득의 시기	71
28	상속부동산을 매매법	72
29	증여 후 증여계약의 해제로 반환받은 경우	75
30	허위계약서 작성	75
31	1세대1주택 비과세	76
32	조정대상지역	86
33	조정대상지역 지정효과	88
34	자경농지에 대한 양도소득세 감면	89
35	8년 자경감면 체크리스트	91
36	양도소득세 합산과세	92
37	법인의 주택 양도	92
38	취득세 세율의 변동	93
39	양도소득세 확정신고 대상자 / 양도소득세 납부	94
40	양도소득세 신고납부 대상자들이 잘못 신고한 신고 사례와 유형	95
41	세금별 기준 시기	97

Ⅲ 상속세

01 · 상속세 및 증여세 절세 팁　101

　| 1 | 상속세, 증여세절세를 위한 제언　101

　| 2 | 용어설명　104

02 · 상속세　106

　| 1 | 상속 순위　106

　| 2 | 상속세 과세대상　107

　| 3 | 상속세 연대납부　108

　| 4 | 유언의 방식　109

　| 5 | 상속세 계산 순서　111

　| 6 | 상속재산가액　112

　| 7 | 보험금　114

　| 8 | 과세가액 불산입재산　116

　| 9 | 공과금, 장례비용, 채무공제액　117

　| 10 | 합산증여재산　119

　| 11 | 상속공제　119

　| 12 | 가업상속공제　121

　| 13 | 영농상속공제　131

　| 14 | 배우자 상속공제　132

15	금융재산공제	134
16	동거주택 상속공제	135
17	세율	137
18	세액공제	139
19	가산세와 제척기간	140
20	상속재산의 평가방법	141
21	상속세 납부와 상속재산의 확인	144

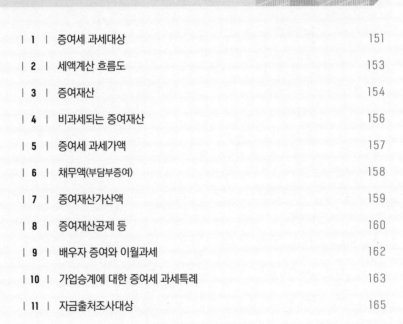

Ⅳ 증여세

1	증여세 과세대상	151
2	세액계산 흐름도	153
3	증여재산	154
4	비과세되는 증여재산	156
5	증여세 과세가액	157
6	채무액(부담부증여)	158
7	증여재산가산액	159
8	증여재산공제 등	160
9	배우자 증여와 이월과세	162
10	가업승계에 대한 증여세 과세특례	163
11	자금출처조사대상	165

| 12 | 창업자금에 대한 증여세 과세특례 | 168 |

| 13 | 매매를 증여세로 과세하는 경우 | 171 |

| 14 | 영농자녀가 증여받은 농지 등에 대한 증여세 감면 | 173 |

| 15 | 증여재산의 평가방법 | 174 |

| 16 | 증여세 납부방식 | 177 |

부록

부록 1 | **한방에 끝내는 부동산경매**   **183**

| 1 | 경매의 대상 | 185 |

| 2 | 부동산경매 순서 | 186 |

| 3 | 경매 소요기간(낙찰부터 명도까지 소요기간) | 187 |

| 4 | 부동산경매 공부 목적과 경매의 장점과 단점 | 188 |

| 5 | 부동산경매물건 검색 | 190 |

부록 2 | **주택임대차보호법**   **211**

| 1 | 주택임대차보호법 | 213 |

| 2 | 등기부등본 보는 법 | 227 |

꼭 알아야 하는
절세 원칙

1 꼭 알아야 하는 절세 원칙

국세 중 부동산에 관련된 세금으로는 양도소득세, 상속세, 증여세 등이 있으며, 일반인들이 가장 밀접하게 접하는 세금들이다.

누구든 평생 한두 번은 접할 수 있는 세금들이니 상식으로 알고 있어도 좋을 듯하다.

절세와 탈세는 다르다. 탈세를 하게 되면 세무서에서 우편이나 전화라도 오게 되면 찜찜하지만 절세는 세법을 제대로 이해하고 활용하여 세금을 줄인 것인 만큼 언제든 당당하게 자랑할 수 있다.

절세를 하는데 있어서 많은 회계 지식이나 세법 지식이 필요한 것은 아니다. 평소 세법에 관한 기본 지식을 갖추고 생활한다면 원하는 절세를 할 수 있다.

1. 절세는 평소에 준비하는 것이다.

....

세금에 대한 기본지식을 갖추고 준비하면 된다. 예를 들어 부동산을 매매할 때 매매계약서를 작성하고 잔금을 받고 등기를 넘겨준 뒤에 양도소득세 절세 방법을 찾으려면 방법이 전혀 없다.

즉 부동산소유권을 넘겨주거나 계약한 이후에 세금전문가를 찾는 것은 무의미하다. 매매계약하기 전에 평소 세금 전문가의 자문을 구하거나, 그럴 상황이 어려우면 포털 검색이라도 해서 세금에 대한 최소한의 지식을 알고, 세금에 대한 대비를 하여야 한다.

양도소득세에서 공제가 가능한 비용이 어떤 것인지를 알고 증빙을 갖추고, 보유기간에 따라 세율이 다른 양도소득세의 특성상 적용되는 세율이 몇 %인지도 사전에 알고 있어야 한다.

보유기간이 3일 모자라서 양도소득세를 수천만 원 더 내는 경우도 있다.

부동산을 매도할 때 소유권을 넘겨준 다음에 양도소득세를 신고하기 위해 전문가를 찾는다면 양도소득세 신고서를 작성하는 것 외에 전문가가 할 일은 아무것도 없다.

세금에 대한 전문가는 세금 신고를 할 때보다는 세금 신고에 대한 행위(양도, 상속, 증여 등)를 할 때 큰 도움이 된다. 부동산매매계약서 작성하고 잔금 받고 소유권을 넘겨주었다면 최고의 세금 전문가라도 절세방법을 찾을 수 없다.

평소 세금에 대한 기본 지식을 갖추고 차근차근 준비를 하는 것이 절세이다.

국세청홈택스를 통하여 사전에 모의 세금계산을 해보는 것도 좋은 방법이다.

2. 주택 수에 따른 양도전략을 세워야 한다.

....

최근 몇 년간 부동산(아파트) 가격 상승을 억제하기 위해 주택 관련 양도소득세 규정이 많이 변경되었고, 조정지역 내인지 조정지역 외인지, 언제 취득하였는지에 따라서 법 적용 규정도 다르기 때문에 꼼꼼하게 부동산의 현재 상황을 검토하여야 한다.

현재 보유하고 있는 주택 수와 주택 상황에 따라 다른 방법의 양도전략이 필요하다.

1개의 주택을 보유하고 있다면 1세대1주택 비과세에 해당되는지 확인한다.

취득일, 예상양도가액, 규정을 제대로 알고 매도하면 된다. 그렇지만 보유한 주택이 2개 이상인 경우 반드시 전략이 필요하다.

보유하고 있는 주택의 예상 양도소득세를 계산하여 양도소득세가 적게 나오는 것부터 매도하고, 양도소득세가 많이 나오는 주택은 가능한 비과세 혜택을 받는 전략을 세운다.

양도소득세 계산은 국세청홈택스에 접속하면 가능하다.

양도전략은 짧으면 수개월 이상 길게는 몇 년의 기간이 소요된다.

3. 보유 부동산의 상황을 정확하게 확인하여야 한다.
....

주택의 경우에는 보유주택수, 보유기간, 거주기간, 토지의 경우 비사업용 부동산 여부 등에 따라 양도소득세 세율 등 계산방법이 다르기 때문에 정확하게 파악하여야 절세방법을 찾을 수 있다.

4. 실질과세원칙(국세기본법 제14조)

········

국세부과의 원칙은 실질과세원칙이다. 세법의 해석 및 과세요건의 검토· 확인은 조세공평이 이루어지도록 실질에 따라야 한다는 세법 고유의 원칙이다.

실질과세란 과세대상의 귀속자를 판정함에 있어 형식적인 귀속자는 단순히 명의일 뿐이고, 사실상의 귀속자가 따로 있는 때에는 사실상의 귀속자를 납세의무자로 하여 조세를 부과한다는 원칙이다.

또한 과세대상 물건도 형식에 상관없이 실제의 상황에 따라 세금이 부과된다.

예를 들어 공부상(公簿上) 상가이지만 실제 주택으로 사용된다면 1세대1주택 비과세 대상이 될 수 있다. 다만 실질 사용 용도가 주택이라 하여 자동적으로 비과세 처리가 되지는 않는다. 적극적으로 주택이라는 것을 관련 증빙자료를 준비하여 주장하여야 비과세가 가능하다(전문가의 조언이 필요하다는 것이다.).

5. 비과세, 감면 조건을 정확하게 알아야 한다.

········

주택의 경우 1세대1주택 비과세 규정, 농지의 경우 8년 자경농지 감면 규정 등을 확인하여 비과세나 감면조건을 갖춘 뒤 양도한다.

반드시 부동산매매 이전에 검토하여 매매 이전에 비과세, 감면 규정을 갖춰야 한다.

6. 양도시기나 취득시기, 세율 적용에 대해서 제대로 알아야 한다.

....

부동산의 양도시기와 취득시기는 잔금을 치룬 날(잔금청산일)이 기준임으로 양도시기와 취득시기 계산할 때 주의해야 한다. 부동산계약일을 기준으로 하여 기간 계산을 하는 실수를 하면 안된다.

대략 몇 년 보유하였으니 비과세인 것으로 알고 매도하였는데 비과세 혜택을 못 받는 경우도 보았다.

또한 세금을 계산하는데 대충 알아보면 안 된다(대충, 대략 등은 세금계산서에서 통하지 않는다). 몇 개월, 심지어 몇 년 뒤에 매도하고 예전에 계산한 양도소득세와 동일한 금액으로 알고 있다면 안 된다.

세법상 양도일과 취득일을 명확하게 이해하고 있어야 불이익을 피할 수 있다.

7. 양도소득세 부당행위계산(소득세법 제101조)

....

양도소득세 부당행위계산이 적용되는 기준을 알고 있으면 예상하지 않은 조세부담을 하지 않아도 되며, 조건을 알고 있으면 규정을 이용하여 절세 전략을 세울 수도 있다.

1) 거주자가 **배우자 및 직계존비속**으로부터 시가보다 높은 가격으로 자산을 매입하거나 배우자 및 직계존비속에게 시가보다 낮은 가격으로 자산을 양도하는 경우(세금 부담을 부당하게 감소시킨 것으로 인정되는 경우)에는 그 취득가액 또는 양도가액을 시가에 따라 계산한다.

2) 이러한 부인 규정은 시가와 거래가액의 차액이 시가의 5%에 상당하는 금액 이상이거나 3억 원 이상인 경우에만 적용한다.

여기서 시가는 상속세및증여세법의 규정을 준용하여 평가한 가액에 따른다.

3) 부당행위 계산 부인에 있어서 연대납세의무

부당행위계산부인의 경제적 실질소득자는 수증자 임에도 불구하고, 양도소득세 부담의 회피를 방지하기 위하여 납세의무자를 증여자로 보아 양도소득세를 계산하는 특례규정이다.

특수관계자에게 증여 후 5년 이내 양도한 경우로서 부당행위계산부인에 해당이 되어 증여자가 직접 양도한 경우로 보는 경우에는 당해 양도소득에 대해 증여자와 수증자가 연대하여 납세의무를 진다.(소득세법 제2의 2, 소득세법 제101조 2항)

8. 허위계약서(다운계약서, 업계약서 등)를 작성하면 안 된다.

....

당장 세금을 적게 내기 위해서 허위계약서를 작성하게 되면 장래에 예상하지 못한 금전적 불이익을 당하여 세금폭탄을 맞을 수 있다.

세금은 한 번 신고하고 납부하면 끝나야 하는 것인데 몇 개월, 심지어 몇 년이 지난 후에 신고가 잘못되었다 하여 세금고지서를 받는다면 금전적인 손해뿐만 아니라 정신적인 스트레스도 대단할 것이다.

허위계약서를 작성하는 이유는 다음과 같다.

1) 양도한 부동산에 대한 양도소득세를 적게 내기 위하여 작성한다.

이러한 경우에는 다운계약서를 작성한다. 다운계약서를 작성하게 되면 매도자는 양도소득세, 매수자는 취득세를 적게 낼 수 있다.

신고 후에 허위계약서임이 적발되면 세금 뿐만 아니라 과태료 폭탄을 맞을 수 있다.

2) 매수한 부동산을 후에 매도할 때 양도소득세를 적게 내기 위하여 작성한다.

이러한 경우에는 업계약서를 작성한다.

취득금액이 클수록 양도소득세는 적기 때문에 매도부동산이 비과세 또는 감면 대상 부동산이라면 업계약서를 작성한다. 매수금액을 높게 허위계약서를 작성하면 취득세는 더 내야 하지만 향후 이 부동산을 매도할 때는 양도소득세를 적게 낼 수 있으니 금전적으로 큰 이익을 얻게 된다.

허위계약서를 작성하여 양도소득세를 신고한 이후에 허위계약서임이 확인되면 가산세를 납부하여야 하고, 매매상대방의 탈세를 위한 허위계약서 작성은 양도부동산이 비과세 또는 감면 대상이었다면 비과세나 감면이 취소되고 양도소득세를 납부하여야 한다.

예를 들어 1세대1주택 비과세인 주택을 매매할 때 허위계약서를 작성한 것을 세무당국에서 확인되었다면 당초 비과세 처분은 취소되고, 양도소득세가 부과된다.

문제는 허위계약서를 작성하여 허위가 확인되는 경우는 오랜 시간이 경과한 이후임에도 부담하여야 할 가산세가 엄청나다는 것을 주지하여야 한다.

9. 정해진 일정을 지켜야 한다.

....

세금을 신고하고 납부하는 경우 신고기한과 납부기한이 있으며, 세법에서
정해진 기한을 지키지 않는다면 감면이 배제되거나 가산세가 부과되는 등
많은 불이익이 따르기 때문에 정해진 일정 내에 신고하고 납부하여야 한다.

10. 예상 세액을 비교하여 본다.

....

부동산소유권 이전을 이전하여 주는 것은 같지만 소유권 이전 방법을 어
떤 방식으로 택하느냐에 따라 세액이 달라진다면 세금이 적게 나오는 방
법을 택한다.

이혼으로 인하여 배우자에게 부동산을 넘겨줄 때에는 이혼위자료로 넘겨
주는 방법과 재산분할로 넘겨주는 방법이 있다. 어떤 방법이 유리한지는
상황에 따라 다르기 때문에 넘겨주는 사람과 넘겨받는 사람의 상황을 검
토하여 결정하여야 한다.

직계존비속이나 배우자에게 부동산을 넘겨주는 경우에도 매매, 상속, 증
여 등의 방법이 있다.

부담해야 할 세금의 액수를 확인할 때, 매도자와 매수자가 부담하는 세금
을 합하여 분석하여야 한다.

반드시 평소의 생각대로가 아닌 직접 계산해서 비교해야 한다.

11. 손실이 발생해도 반드시 신고한다.

·······

세금은 신고를 하여야 불이익이 없다.

양도소득세도 같은 과세기간에 양도차손을 통합하여 세금을 아낄 수 있다.

양도소득금액을 계산할 때 양도차손이 발생한 자신이 있는 경우에는 해당 자산 외의 다른 자산에서 발생한 양도소득금액에서 그 양도차손을 공제한다.

양도차손이란 양도가액 - 취득가액 - 필요경비 = (-)인 경우이다.

즉 부동산을 양도할 때 손실이 발생하는 경우 세금을 줄일 수 있는 방법이 양도차손의 통산이다.

1) 양도차손의 공제 순서

(1) 1차통산

양도차손이 발생한 자산과 같은 세율을 적용받는 자산의 양도소득금액.

(2) 2차통산

양도차손이 발생한 자산과 다른 세율을 적용받는 자산의 양도소득금액.

이 경우 다른 세율을 적용받는 자산의 양도소득금액이 2 이상인 경우에는 각 세율별 양도소득금액의 합계액에서 해당 양도소득금액이 차지하는 비율로 안분하여 공제한다.

2) 양도차손의 이월공제 배제

양도소득의 경우에는 결손금의 이월공제가 허용되지 아니한다.

양도차손이 발생한 연도에 다른 자산이 양도소득금액과 통산할 수 있을 뿐이며, 통산의 결과가 양도차손인 경우에는 그대로 소멸되며 다른 과세기간으로 이월되지 아니한다.

12. 양도소득세 합산과세
....

소득세는 기간 과세로서 1년 동안 발생한 소득을 모아 누진세율로 과세하는 방식을 취하고 있다.

소득세의 1년이란 1월 1일부터 12월 31일까지를 말한다. 즉 1년(1월 1일 ~ 12월 31일)에 1개의 부동산을 매도하면 변수가 없으나 1년에 2개 이상의 부동산을 매도하게 되면 양도시기가 언제이냐에 따라 양도소득세가 달라질 수 있다.

⑩ 1년에 2개의 부동산을 매도하는 경우

• 2개 모두 양도차익이 발생하였을 때 : 2개의 부동산을 다른 연도에 양도하면 세율이 낮아져 절세가 가능하다.

• 2개 중 1개는 양도차익, 1개는 양도차손이 발생하는 경우 : 합산하면 양도소득세가 줄어든다.

13. 점포가 딸린 겸용주택 양도소득세 계산 방법에 유의
....

점포가 딸린 겸용주택은 양도가액과 면적에 따라 과세방법이 다르기 때문에 양도소득세 계산시 유의해야 한다.

[1층은 상가, 2, 3층은 사무실과 주택, 4층은 주택]인 형태의 건물을 겸용주택(상가주택)이라 한다.

1) [2021.12.31. 이전까지 적용]

주택면적 〉상가면적 ⇒ 전체를 주택

주택면적 ≤ 상가면적 ⇒ 주택부분만 주택, 상가와 사무실부분은 상가로 과세

ⓔ **3층 상가주택**

　－ **주택 130㎡ 〈 상가 150㎡ 일 때**

　　총 280㎡ 중

　　1세대1주택 비과세 요건이면 주택, 130㎡은 비과세, 상가 180㎡은 과세된다.

　－ **주택 180㎡ 〉상가 100㎡ 일 때**

　　1층 상가　100㎡

　　2층 주택　100㎡ ┐
　　　　　　　　　　 │ 180㎡
　　3층 주택　80㎡ ┘

　　총 280㎡ 중

　　1세대1주택 비과세 요건이면 상가주택 280㎡ 모두 비과세 된다.

2) [2022.01.01. 이후 적용]

－ **양도가액 12억 원 초과 상가주택은**

　면적에 상관없이 주택면적은 주택, 상가면적은 상가로 양도소득세를

부과한다.

- **양도가액 12억 원 이하 상가주택은 이전 규정과 같다.**

  주택면적 〉상가면적 ⇒ 전체를 주택

  주택면적 ≤ 상가면적 ⇒ 주택부분만 주택, 상가와 사무실부분은 상가
  로 과세

3) 양도가액, 취득가액(필요경비 포함)의 안분

면적 비율로 안분하는 것이 아니고, 주택, 상가의 감정가액이 있으면 감정
가액 비율로, 감정가액이 없으면 기준시가 비율로 안분하게 된다.

4) 정리

1세대1주택 비과세를 받는 경우 : 주택부분이 더 많으면 비과세를 적용받
으므로 유리.

다주택자인 경우

- 주택부분이 클 때 : 중과세율이 적용, 장기보유특별공제가 적용되지 않음
- 상가부분은 일반세율과 장기보유특별공제가 적용.

14. 부부 공동명의로 취득한다.
. . . .

- 처음 부동산을 취득할 때 부부 공동명의로 취득하는 것도 절세의 한
  방법이다.

  공동명의로 취득하게 되면 취득 당시 취득세는 단독으로 취득할 때와

같지만 양도할 때는 공동명의 취득이 유리하다.

양도소득세는 누진세율이기 때문에 양도소득이 많으면 높은 세율이 적용된다. 부부 공동명의로 취득하게 되면 후에 매도할 때 양도소득세를 줄일 수 있다.

- 남편이나 아내 한쪽이 단독으로 취득하여 부부공동명의로 하게 되면 취득세, 등기수수료 등을 추가로 부담하게 되며, 부당행위계산 등의 변수가 있으니 심사숙고하여야 한다.

15. 별도 세대를 만든다.

....

원칙적으로 부부와 30세 미만 직계존비속은 주소지가 다르더라도 1세대로 보게 된다.

자녀들의 경우 30세 미만은 1세대로 보지만 30세 미만이더라도 일정한 소득이 발생하면 주소지가 다른 경우 별도 세대로 인정하게 된다.

별도 세대를 만드는 것은 1세대1주택 비과세, 취득세 등을 통하여 절세하는 방법이다.

16. 증빙서류는 비용 발생시 그때그때 챙겨야 한다.

....

부동산을 매매한 뒤 양도소득세 신고를 위해 몇 달전 심지어 몇 년전 발생한 비용에 대한 증빙서류를 만들기 위하여 다니는 사람들이 많다. 하지만 시간이 지난 뒤에는 증빙서류를 만드는 것이 힘들고, 구체적인 기억도 어려워 비용처리를 못하고 세금을 더 납부하는 경우가 있다.

어떤 경우는 집수리를 하고 세금계산서 발행을 안 한다는 전제로 수리비를 할인 받았지만, 몇 년 뒤 양도소득세를 줄이기 위해 비용처리하는 경우도 있지만 바람직해 보이지는 않는다.

부동산을 취득할 때부터 양도할 때까지 들어간 비용은 지출시 챙기는 것이 중요하다.

예를 들어 토지를 소유한 사람이 건축사업자와 계약하고 건물을 신축하였다. 정상적인 방법은 아니지만 부가가치세와 소득세 등 증빙서류를 받지 않는 것을 전제로 세금신고도 하지 않고 공사비를 적게 받았다. 그런데 나중에 양도소득세 등이 많이 나오자 증빙서류를 다시 요구하게 된다면 신고기간이 지난 부가가치세, 소득세 등을 탈세한 것이므로 그것을 다시 증빙 요구한다면 난감해지고 어렵다는 것이다.

 **절세 꿀팁**

전문가가 알려주는

최근의 부동산 가격상승로 상속세가 더 이상 소수 부자들만 신경쓰는 세금이 아닌 것을 되었다. 서울의 아파트 가격 평균이 11억 원인 시대에 접어들었다.
배우자가 있는 경우에는 30억 원 이상, 배우자가 없는 경우 5억 원 이상이면 상속세 과세 대상이 된다. 상속이나 증여에 대하여 신경을 쓰지 않는다면 후에 세금 폭탄을 맞게 될 가능성이 크다.

양도소득세

1 양도소득세

1. 법의 종류

....

* 헌법 〉 법 〉 시행령 〉 명령

1) 헌법

국가의 통치조직·작용의 기본원칙에 관한 규범을 총칭한다. 실질적 의미의 헌법에는 형식적 의미의 헌법 뿐 아니라 정부조직법·국회법·법원조직법·정당법·선거법 등의 법률과 관련 명령·규칙, 헌법적 관습 등 명칭과 존재 형식에 불구하고 국가의 통치조직과 작용에 관한 기본원칙을 규율하는 모든 규범이 포함된다.

2) 법

법은 사람들이 지켜야 할 규칙으로 국회에서 만든다.

법은 국회에서 만들고, 행정부에서 실행하고, 법원에서 심판한다.

3) 시행령

법률의 시행을 위하여 발하는 집행명령과 법률이 특히 위임한 위임명령을 포함하며, 대통령의 명령이다.

조세의 부과·징수에 관한 기본적 사항은 법률로써 규정하게 되고, 세부적 사항은 법률에서 구체적으로 범위를 정하여 명령으로 위임하게 되는데, 이를 시행령이라 한다.

4) 명령
일정한 행정기관이 법률의 형식에 따라 제정하는 것.

2. 법적용의 원칙
········

법은 적용과정에 일정한 순서와 법칙이 존재한다.

1) 상위법 우선의 원칙
상위법 우선의 원칙은 법에도 일정한 단계가 존재하며, 하위법은 상위법에 위배될 수 없다는 것을 그 내용으로 하고 있다.
예 헌법 〉법 〉시행령 〉규칙

2) 특별법 우선의 원칙
특별법은 특수한 사항이나 특정한 사람에게 적용되는 법을 말하는 것인데, 이에 대비되는 개념이 일반법이다. 일반법은 그 법의 적용 영역에 있어서 모든 사항과 사람에게 적용되어 영향을 미치는 반면, 특별법은 일반법에 비하여 적용 영역이 한정되어 있는 법이다.

3) 신법우선의 원칙

특정한 법률이 개정되거나 하여 그 내용이 바뀔 경우에 이전에 적용되던 구법이 적용되지 않고 새로 개정된 신법이 우선적으로 적용된다는 원칙이다.

4) 법률불소급의 원칙

기본적으로 법률의 적용은 행위 당시의 법률에 의하여야 한다는 원칙이다. 즉, 행위시에 존재하지 않던 법률을 사후에 재정하거나 개정하여 법제정 이전의 행위에 적용해서는 안 된다는 원칙이다.

3. 세금의 종류

1) 국세

국세	내국세	보통세	소득세 법인세 상속세, 증여세 종합부동산세 부가가치세 개별소비세 인지세 증권거래세
		목적세	교육세 농어촌특별세
	관세		

2) 지방세

지방세	도세	보통세	취득세 등록면허세
		목적세	지방교육세
	시, 군세	주민세 지방소득세 재산세 자동차세	

3) 부동산 관련 세금

- 양도소득세(소득세법)
- 상속세, 증여세(상속세및증여세법)
- 취득세, 재산세(지방세법)
- 종합부동산세(종합부동산세법)

4. 양도소득세

....

- [모든 국민은 법률이 정하는 바에 의하여 납세의 의무를 지고, 조세의 종목과 세율은 법률로 정한다](조세법률주의, 헌법 제38조와 제59조) 조세법률주의 원칙에 따라 양도소득세도 법률에 정하여 있다. 양도소 득세에 관한 규정은 소득세법 내에 규정이 있다.

- 양도소득세는 개인이 토지, 건물 등 부동산이나 주식 등과 파생상품의 양도 또는 분양권과 같은 부동산에 관한 권리를 양도함으로 인하여 발

생하는 이익(소득)을 과세대상으로 하여 부과하는 세금이다.

- 양도소득세는 정부의 정책에 의해 자주 변경되는 세금이다.
  부동산 가격의 상승을 억제하기 위해서, 경제 상태가 침체되어 경제를
  부흥시키기 위해 정부는 부동산정책의 일부분으로 양도소득세를 활용
  하고 있다.
  간단하게 1세대1주택 비과세 조건을 보더라도 비과세 요건이 몇 년에
  한 번씩, 최근에는 더욱더 자주 변경되고 세분화되었다.
  3년보유 2년거주, 1년보유, 2년보유, 2년보유, 최근에는 조정지역 여
  부에 따라 비과세 요건이 다르다.
  같은 지역 심지어 바로 옆집 아파트임에도 취득한 연도, 부동산 소유
  자의 상황에 따라 세율이 다르기 때문에 양도소득세 계산은 주변 부동
  산중개업소에 문의하지 말고 반드시 책임질 수 있는 전문가에게 문의
  하여야 한다.

5. 양도소득이란
....

해당 연도(1.1~12.31)에 재고자산 이외의 자본적 성격의 자산으로서 소득
세법상 과세대상으로 제한적으로 열거되고 있는 부동산 등을 양도하는 경
우 양도와 취득 당시의 가격을 비교하여 가치상승으로 발생한 차익, 즉 자
본이득을 양도소득이라 한다.
양도소득세 납부를 위해서는 자산의 양도가 먼저 이루어져야 한다.
자산의 양도란 자산의 등기 또는 등록에 관계 없이 소득세법상 열거된 자

산이 매도 · 교환 · 법인에 대한 현물출자 등으로 사실상 이전되는 것을 말한다.

소득세법의 소득의 종류는 8개이며, 그중 양도소득과 퇴직소득은 개별적으로 과세되며, 그 외 6개 소득은 합산소득 종합과세 된다.

양도소득과 퇴직소득과 같이 별도로 과세표준과 세액을 계산하여 과세하는 방법을 분류과세라 한다.

1) 자산 이전으로 발생한 소득에 대한 과세 구분

대가성	납세의무자	사업성	세 목	비 고
유상이전	양도자	일시적 · 비반복적 양도	양도소득세	
	양도자	사업적 양도	사업소득세	사업적으로 자산양도
무상이전	수증자	사업무관	증여세	
		사업관련	사업소득세	사업과 관련하여 받은 자산수증익

2) 사업소득 · 양도소득의 판단 기준

부동산의 매매로 인한 소득이 사업소득인지 또는 양도소득인지의 여부는 그 매매가 수익을 목적으로 하고 그 규모 · 횟수 · 태양 등에 비추어 사회활동으로 볼 수 있을 정도의 계속성과 반복성이 있다고 볼 것인지 등의 사정을 고려하여 사회통념에 비추어 판단하여야 한다.

부동산매매를 부동산매매업으로 보아 사업소득세를 적용할 것인지, 양도소득세를 적용할 것인지는 무의미하다.

예전에 양도소득세를 현재와 같은 실지거래가액이 아닌 기준시가로 계산할 때는 중요한 규정이었으나 현재는 중요하지 않다. 왜냐하면 소득세를 부과하던지 양도소득세를 부과하던지, 세금이 많은 것을 기준으로 부과하기 때문이다.

즉, 기준시가보다는 실지 거래가액으로 계산한 양도소득세액이 많다. 양도소득세로 신고납부하는 것이 일반적으로 납부하는 금액이 적다.

따라서 이 책에서는 양도소득세 위주로 절세 방법을 알아보고자 한다.

6. 양도소득세를 내는 양도의 종류

....

양도라 함은 자산의 소유권이전을 위한 등기·등록에 관계없이 **사실상** 소유권이 **유상**으로 이전되는 경우를 말한다.

1) 매매

부동산을 파는 매도인은 부동산의 소유권을 넘겨주고, 부동산을 구입하는 매수인은 대금을 지급하는 것을 매매라 한다.

당사자 일방이 재산권을 상대방에게 이전할 것을 약정하고, 상대방이 그 대금 지급을 약정함으로써 그 효력이 생기는 유상계약을 말한다.

매매대금의 지급과 소유권(권리)의 이전은 쌍방의무이므로 특별한 약정이나 관습이 없으면 동시에 이행하는 것이 일반적이다(동시이행관계). 즉, 파는 사람은 소유권을 넘겨주고 사는 사람은 부동산에 대한 대가를 넘겨주는 것을 동시에 주고받는다. 이것을 동시이행관계라 한다.

※ 매도인 : 파는 사람, 매수인 : 사는 사람

2) 교환(부동산 소유자들이 서로 필요한 부동산을 바꾸는 것)

당사자 쌍방이 부동산을 상호 이전할 것을 약정함으로써 그 효력이 생기는 유상계약을 말한다. 즉 부동산의 물물교환을 의미한다.

동등가치의 두 부동산을 맞교환하게 되어 금전거래가 수반되지 않는 교환과 교환대상 부동산의 가치가 동등하지 않아 금전거래를 수반하는 교환이 있는데, 금전거래 수반여부에 불구하고 교환차익에 대하여 양도소득세를 과세하는 것이 아니라 교환자산 전체에 대해 과세한다.

⑩ 세종시에 땅(시세 5억 원)을 보유하고 있는 홍길동과, 서울에 아파트(시세 7억 원)를 보유하고 있는 이몽룡이 서로 보유하고 있는 부동산을 교환한다면,

홍길동 : 세종시 땅 + 2억 원 → 이몽룡 : 세종시 땅 양도소득세

이몽룡 : 서울시 아파트 → 홍길동 : 서울시 아파트 양도소득세

이때 홍길동은 보유하고 있던 세종시 땅을 양도한 것이 되고, 이몽룡은 서울의 아파트를 양도한 것이 되어, 양도소득세를 납부하게 된다.

3) 법인에의 현물출자

일반적으로 법인에 자금을 투자하는 대신에 부동산으로 법인에 출자하는 것을 말한다. 부동산을 법인에 이전하고, 그 대가로 주식을 취득하는 것이며, 사실상 유상으로 이전되는 것이므로 양도소득세가 과세된다.

(1) 현물출자의 양도소득세 신고기준일

- 현물출자계약이 체결된 경우에는 계약체결일이 현물출자일이다.
- 현물출자한 날, 또는 등기접수일 중 빠른 날을 현물출자 시기로 본다.

(2) 양도가액과 취득금액이 확인되는 매매와 달리 현물출자의 경우 양도가액이 유동적이다. 이 부분을 통하여 절세를 고민해 봐도 괜찮을 듯하다.

4] 물납

상속세를 물납으로 납부한 경우에도 당해 자산이 유상으로 이전되었으므로 당해 물납도 양도소득세 과세 대상이다. 이때 양도소득세 계산시 취득시기는 상속개시일, 양도시기는 물납허가통지일이다.

(1) 물납의 요건

- 상속재산 중 부동산과 유가증권의 가액이 해당 상속재산가액의 2분의 1을 초과할 것.
- 상속세 납부세액이 2천만 원을 초과할 것.
- 상속세 납부세액이 상속재산가액 중 대통령령으로 정하는 금융재산가액을 초과할 것.

(2) 현금화가 어려운 비상장주식을 물납하는 경우는 물납허가가 거의 되지 않는다.

5] 경매 및 공매

부동산이 소유자의 의지가 아니라 강제적으로 남에게 넘어가는 것이지만 양도소득세를 신고하여야 한다.

(1) 경매 : 부동산의 소유자가 부동산의 가치보다 많은 채무로 인하여 채권자의 신청에 의하여 법원에서 부동산을 매매하는 것을 말한다.

(2) 공매 : 부동산의 소유자가 국세와 지방세 등을 연체하여 국가나 지방자치단체에서 한국자산관리공사에 부동산매매를 의뢰하여 진행되는 것을 말한다.

6) 이혼위자료와 재산분할

(1) 이혼위자료 : 양도소득세를 신고, 납부하여야 한다.

부부가 이혼하면서 남편이 아내에게 이혼위자료를 부동산으로 주는 경우에는 남편이 부동산을 양도한 것임으로 남편은 양도소득세를 납부하여야 한다.

아내가 이혼위자료로 받은 부동산의 취득시점은 남편으로부터 소유권을 이전받은 시점이다.

(2) 재산분할 : 양도소득세, 증여세를 납부하지 않는다.

재산분할은 이혼(혼인관계를 청산)하는 사람들 중의 한쪽이 다른 쪽을 상대로 재산을 나누어 줄 것을 청구하여, 재산을 나누어 갖는 것이다.

재산분할은 소유권이전으로 보지 않는다. 재산분할은 이혼 후 2년 안에 행사해야 한다.

재산분할로 소유권을 넘겨받은 부동산의 취득시기는 최초 취득시점이다.

남편 소유의 부동산을 재산분할로 인하여 아내에게 소유권이전을 하여 주었다면, 아내가 넘겨받은 부동산의 취득시기는 남편이 처음 취득하였던 때이다.

7. 양도소득세를 내는 양도의 종류-부담부증여

....

1) 부동산을 무상으로 넘겨주는 것을 증여라 하며 넘겨받는 사람은 증여세를 내야 한다.

그런데 넘겨주는 사람이 부동산에 있는 채무를 같이 넘겨주는 것을 부담부증여라 한다.

2) 부동산 소유자가 부동산을 증여할 때 증여하는 부동산의 임대보증금이나 주택담보대출과 같은 부채를 포함해서 물려주는 것을 말한다.

예를 들어

아버지가 자녀에게 아파트(시가 10억 원)를 증여할 때, 아파트 담보대출금 7억 원을 함께 넘겨준다면 자녀(수증인)은 순수하게 증여받은 3억 원(증여가액 10억-채무 7억 원=3억 원)에 대하여 증여세를 납부하고, 아파트 담보대출금 7억 원(채무액)에 대하여는 아버지가 양도한 것으로 보아 아버지는 양도소득세를 납부하여야 한다.

3) 증여재산과 관련 없는 채무는 채무로 인정하지 않는다.

부동산 소유자가 채무자가 아닌 채무는 인정하지 않는다.

4) 부담부증여시 양도가액 : (상속세및증여세법으로 평가한 증여가액) × (채무액 / 증여가액)으로 계산한다.

이 산식에 의할 경우 양도가액은 결국 채무액이 된다.

부담부증여로 인한 양도소득과세표준 예정신고기한은 증여세 신고기한과 같은 수증일이 속하는 달의 말일부터 3개월 이내로 한다.

8. 양도에 해당되지 않는 경우

....

형식적으로 소유권이 이전되지만 양도가 아님으로 양도소득세에 해당이 안되는 경우가 있다. 그럼으로 양도소득세를 납부하지 않아도 된다.

1) 재산분할

이혼할 때 재산분할을 하는 경우입니다.

부부가 결혼 후 부동산을 취득하면서 남편 명의로 소유권등기를 하였으나, 후에 이혼할 때 부부가 부동산을 재산분할 한다면 양도소득세나 증여세는 납부하지 않는다.

재산분할로 취득한 부동산의 취득시기는 당해 자산의 재산분할 시점이 아니라 당초 취득일이 된다.

예를 들어

2010년 1월 1일 결혼

2015년 7월 1일 아파트 취득(남편 명의 소유권이전)

2021년 1월 1일 이혼하면서 재산분할, 남편 명의 아파트를 아내 명의로 함

- 남편 : 양도소득세 납부의무 없음
- 아내 : 증여세 납부의무 없음
- 아내 명의의 아파트 취득시기 : 2015년 7월 1일

2) 환지처분 및 보류지 충당

환지처분이란 토지개량사업 내지 토지구획정리 사업을 실시함에 있어서 종전의 토지에 관한 소유권 및 기타의 권리를 보유하는 자에게 종전의 토

지를 대신하여 정연하게 구획된 토지를 할당하고, 종국적으로 이를 귀속시키는 처분을 말한다.

보류지는 환지계획에서 환지로 정하지 않고 보류한 토지. 구획정리상 환지계획에서 일정한 토지를 환지(換地)로 정하지 않고 보류한 토지이다.

3) 양도담보자산으로 소유권이 이전되는 경우

양도담보는 담보를 목적으로 소유권을 이전하는 것으로 양도로 보지 않는다. 나중에 채무자가 채무불이행으로 양도담보 자산을 채무 변제에 충당하는 경우에는 양도에 해당한다.

4) 지적경계선 변경을 위한 토지 교환

지적 경계선 변경을 위한 토지 교환시, 인근 토지 소유자들이 토지 경계선을 바르게 하기 위해 측량 후 서로의 토지를 주고받아 경계선을 바르게 하는 것은 양도에 해당하지 않는다.

5) 공유물 분할

소유자가 2명 이상인 부동산은 소유권을 행사하는데 많은 불편이 따르게 됨으로 자기 지분만큼 나누게 되는데 이를 공유물 분할이라 한다.

공유물 분할의 경우에는 각각의 지분에 해당하는 분할된 현물이 동등가치를 갖게 된다면 양도에 해당하지 않는다.

6) 특수관계자 간의 양도 자산

배우자 또는 직계존비속에게 매매를 이유로 부동산소유권을 넘겨준다면 양도가 아니라 증여로 보아 증여세를 납부해야 한다.

예외 ㅣ 특수관계자 간의 양도 자산인 경우에도 증여로 보지 않는 경우.

– 법원에서 경매되는 부동산을 특수관계자가 사는 경우.

– 파산선고로 인하여 처분되는 부동산을 특수관계자가 사는 경우.

– 국세징수법에 의하여 공매되는 부동산을 특수관계자가 사는 경우.

– 특수관계자에게 대가를 지급받고 양도한 사실이 명백하게 인정되는 경우.

7) 원인무효

매매 원인무효 소송에 의하여 매매로 인한 소유권이전이 원래의 소유자에게 넘어가는 경우에는 양도로 보지 않는다.

8) 계약해제

해제권의 행사에 의한 해제와 계약당사자 사이의 계약에 의하여 생기는 해제는 양도소득세 과세 대상이 아니다.

계약해제와 관련하여 소유권이 이전되었더라도 대금청산 전에 계약해제로 소유권이 환원된 경우에 대해서는 양도로 보지 않는다.

9. 양도소득세 납세의무자(세금을 낼 의무가 있는 자)

....

거주자와 비거주자로 나누어 볼 수 있다.


```
양도소득세          ┌─ 거주자 _ 국내 자연인
납세의무자(개인)    ├─ 법인 아닌 단체(사단·재단, 기타 단체)
                   └─ 비거주자
```

44

1) 거주자 : 국내에 주소를 두거나 183일 이상 거소를 둔 개인을 말한다.
- 주소 : 국내에 생계를 같이하는 가족 및 국내에 소재하는 자산의 유무 등 생활관계의 객관적 사실에 따라 판정한다.
- 거소 : 주소지 이외의 장소 중 상당 기간에 걸쳐 거주하는 장소로서, 주소와 같이 밀접한 일반적 생활관계가 형성되지 아니하는 장소를 말한다.

2) 비거주자 : 거주자가 아닌 자이다.
비거주자가 거주자로 되는 시기는 국내에 주소를 둔 날, 국내에 거소를 둔 기간이 183일이 되는 날이다.
비거주자는 국내에 소재한 자산에 대해서만 납세의무가 있으며, 국내에 소재하는 1세대1주택에 대한 비과세와 80% 한도의 장기보유특별공제 규정이 적용되지 않는다.

3) 거주자로 보는 단체
- 상가 또는 공동주택 자치관리기구, 학교동창회, 직장공제회
- 종중 : 원칙적으로 소득세법상 1거주자로 보아 과세한다.
- 교회 : 재단법인인 중앙종단과는 별도로 회계 및 운영을 독립적으로 수행하는 산하지역의 교회

10. 납세의무의 범위

....

1) 납세의무의 범위
양도소득의 과세단위는 개인단위의 과세원칙만 적용한다.

(1) 공동소유자산 양도에 대한 납세의무

양도소득세 과세대상 자산을 공동으로 소유한 경우에도 자신의 소유지분에 따라 각 소유자별로 납세의무가 있으며, 각 거주자는 자신의 주소지 세무서에 각각 양도소득세를 신고납부하여야 한다.

(2) 상속인의 납세의무

양도소득이 있는 자가 사망한 경우에는 피상속인(사망한 사람, 재산을 물려준 사람)의 양도소득세 납세의무자는 상속인(재산을 물려받은 사람)이다.
상속인은 상속으로 인하여 얻은 재산을 한도로 피상속인의 납세의무를 승계받는다.
상속재산의 한도 = 자산총액 – 부채총액 – 상속세
상속받은 재산이 없는 경우에는 납세의무도 승계되지 않는다.

2) 납세의무의 성립

납세의무는 각 세법이 정하는 과세요건의 충족, 즉 특정의 시기에 특정사실 또는 상태가 존재함으로써 과세대상이 납세의무자에게 귀속됨으로써 세법이 정하는 바에 따라 과세표준의 산정 및 세율의 적용이 가능하게 되는 때에 성립한다.

(1) 예정신고하는 양도소득세

예정신고하는 양도소득세의 납세의무 성립시기는 양도한 날이 속하는 달의 말일이 되며, 납세의무 성립(양도일이 속하는 달의 말일) 후 2월까지 가양도소득세 예정신고납부기한이 된다.
양도소득세 과세단위는 개인 단위의 과세원칙만 적용된다.

46

양도소득세 과세대상 자산을 공동으로 소유한 경우에도 소유지분에 따라 개개인 별로 납세의무가 있으며, 세율 적용시에도 각자의 소득금액에 대하여 세율을 적용한다.

양도소득 과세대상 부동산 소재지가 아닌 부동산 소유자 주소지 관할 세무서에 납부한다.

각 소유지분에 따라 납세의무가 있으며, 공동소유자 상호 간에 양도소득세 연대납세의무는 없다.

즉 어떤 주택을 남편과 아내가 1/2씩 소유하다 매매하고 양도소득세 납세의무가 있으나 남편이 양도소득세를 납부하지 못하였다 하여 아내에게 세무서에서 양도소득세를 징수할 수는 없다.

(2) 납세의무의 확정

양도소득세는 신고납부 세목으로 양도소득세의 과세표준과 세액을 정부에 신고하는 때에 납세의무가 확정된다.

양도소득세 확정신고제도는 1년에 부동산 등을 2회 이상 양도하여 누진세율을 적용받는 경우이거나, 무신고한 경우로서 확정신고기한까지 과세관청에서 세액의 결정 등이 이루어지지 아니한 자에 한하여 적용하는 것이다.

(3) 부당행위 계산 부인에 있어서 연대납세의무

부당행위계산부인(101조 2항) : 경제적 실질소득자는 수증자임에도 불구하고, 양도소득세 부담의 회피를 방지하기 위하여 납세의무자를 증여자로 보아 양도소득세를 계산하는 특례구정이다.

특수관계자에게 증여 후 5년 이내 양도한 경우로서 부당행위계산부인에 해당이 되어 증여자가 직접 양도한 경우로 보는 경우에는 당해 양도소득에 대해 증여자와 수증자가 연대하여 납세의무를 진다.(소법 2의 2, 소법 101 2항)

(4) 부담부증여에 있어서 연대납세의무

부담부증여에 있어서 증여자에게 부과된 양도소득세를 수증자가 연대하여 납세할 의무는 당연히 없다.

11. 납세의무의 소멸

....

국가가 세금을 받을 수 없는 경우, 과세 요건의 충족에 의해 성립·확정된 납세의무는 다음의 사유에 의하여 소멸된다.

1) 납부·충당되거나 부과가 취소된 때

- 납세자가 세금을 납부할 때
- 충당 : 납세자가 환급받을 것이 있고, 동시에 내야 할 세금이 있을 때에는 환급하지 않고 내야 할 세금을 낸 것으로 처리하는 것
- 세무서에서 결정한 세금을 취소한 때

2) 국세를 부과할 수 있는 기간에 국세가 부과되지 아니하고 그 기간이 끝난 때

3) 국세징수권의 소멸시효가 완성된 때

12. 양도소득세의 부과제척기간

....

1) 일정기간 내에 세금을 부과하고 그 기간이 지나면 세금을 부과할 수 없는 것
을 부과제척기간이라 한다.

양도소득세에도 부과제척기간이 있다. 양도소득세의 부과제척기간은 당
해 양도소득세를 부과할 수 있는 날부터 기산한다.

양도소득세의 부과제척기간은 양도한 날이 속하는 다음 연도의 6월 1일
부터 기산한다.

2) 양도소득세의 부과제척기간

구분	기간
가. 납세자가 사기 기타 부정한 행위로 국세를 포탈하거나 환급·공제받은 경우	10년
나. 납세자가 법정신고기한 내에 과세표준 신고서를 제출하지 아니한 경우	7년
다. "가, 나"에 해당하지 않는 경우	5년
라. 국제거래 수반 부정행위의 경우에는 2015.1.1. 이후 부과가능 개시분부터	15년

13. 납세지 및 과세 관할

....

1) 거주자의 납세지

양도 시점의 주소지 또는 거소지가 아니라 신고·결정·경정 시점의 주소
지 또는 거소지이다.

2) 비거주자의 납세지

국내 사업장의 소재지 또는 국내원천 소득이 발생하는 장소로 한다.

3) 납세지

양도소득세를 자진신고할 때에는 양도 당시 관할 세무서가 아닌 신고 당시 관할세무서에 신고하여야 하며, 자진신고 후에 과세관청에서 결정 또는 기타의 행위를 하는 때에도 납세자의 변경이 있는 경우에는 신고 당시가 아닌 결정 당시 기준으로 관할세무서를 판단한다.

예를 들어 서초구에 거주하는 사람이 마포에 있는 아파트를 팔고, 강남구로 이사한 뒤 양도소득세를 신고한다면 신고 당시의 주소지인 강남세무서에 신고하여야 한다.

14. 과세기간

과세기간은 세법에 의한 과세표준과 세액계산의 기초가 되는 기간을 말한다. 양도소득의 과세기간은 매년 1월 1일부터 12월 31일까지이다. 즉 1월 1일부터 12월 31일까지의 양도소득을 합하여 세율을 적용하게 된다.

1) 동일세율 기간에 대한 합산과세

1월 1일부터 12월 31일까지 3개의 부동산을 양도한 경우, 합해서 계산하여야 한다.

2) 양도차손에 대한 통산이 자산별·소득별로 이루어지고 있을 뿐 아니라, 예

정신고는 양도한 자산별로 이행하지만 확정신고는 과세기간 단위로 이행하므로 과세기간 구분의 실익이 있다.

3) 양도소득 과세표준 확정신고기한

양도소득의 과세표준 확정신고 기한은 원칙적으로 소득 발생연도의 다음 연도 5월 31일까지이다.

과세기간의 예외가 적용되는 경우에는 확정신고 기한에 대해 별도의 특례 규정을 두고 있다.

4) 양도자 또는 상속인이 사망한 경우

양도자 또는 상속인이 사망한 경우에는 직전년도 또는 해당 연도에 대한 양도소득의 과세표준 확정신고 기한은 상속개시일이 속하는 달의 말일부터 6개월이 되는 날이다.

15. 양도소득세 과세되는 자산의 범위(부동산을 중심으로)
....

1) **토지** : 토지의 지목은 28종으로 구분된다(부동산경매편 참조).

(1) 토지의 정착물이 있는 경우 별도의 특약이 없는 한 토지와 일체가 되어 양도된 것으로 본다.

이때 자본적지출에 해당하는 바닥포장비 등을 거래가액에 포함시키는 경우 당연히 토지에 포함되는 것이다.

(2) 교량, 돌담, 도로의 포장 등 종속정착물, 경작·재배되는 각종의 농산물 등은 토지의 일부로 본다.

(3) 농작물, 농막, 농기구 등의 양도대가는 과세소득에 해당하지 않는다.

2) 건물 : 토지에 정착하는 공작물 중 사실상 준공된 것으로서 지붕과 벽 또는 기둥이 있는 것과 이에 부속된 시설물 구축물을 말한다.

(1) 건물의 용도

사실상의 용도에 따라 구분하고 사실상의 용도가 불분명한 경우는 공부상 용도에 의한다. 무허가, 미등기 건물도 과세대상에 포함된다.

(2) 건물과 구분하여 거래한 시설장치 및 인테리어

건물을 양도함에 있어서 당해 건물의 이용목적으로 설치한 시설자치 및 인테리어 또는 집기비품 등을 건물과 함께 일괄하여 양도함에 있어서 건물의 가액과 구분하여 별도로 양도를 하였을 경우 양도소득세 과세대상 자산에 해당되지 아니하므로 시설장치 등의 가액은 과세대상으로 볼 수 없다.

3) 특정시설물 이용권 : 골프장 회원권, 콘도미니엄 회원권, 종합체육시설 회원권, 스키장 회원권

4) 부동산에 관한 권리 : 부동산을 취득할 수 있는 권리, 지상권, 전세권, 등 기된 부동산임차권

16. 양도소득세 세액계산 흐름도

```
┌─────────────────────┐              ┌─────────────────────┐
│      양도가액        │              │   양도소득과세표준    │
└─────────────────────┘              └─────────────────────┘
          ⊖                                    ⊗
┌─────────────────────┐              ┌─────────────────────┐
│      취득가액        │              │        세율          │
└─────────────────────┘              └─────────────────────┘
          ⊖                                    ⊜
┌─────────────────────┐              ┌─────────────────────┐
│      필요경비        │              │      산출세액        │
└─────────────────────┘              └─────────────────────┘
          ⊜                                    ⊖
┌─────────────────────┐              ┌─────────────────────┐
│      양도차익        │              │  세액공제+감면세액    │
└─────────────────────┘              └─────────────────────┘
          ⊖                                    ⊗
┌─────────────────────┐              ┌─────────────────────┐
│   장기보유특별공제    │              │   자진납부할 세액     │
└─────────────────────┘              └─────────────────────┘
          ⊜
┌─────────────────────┐
│     양도소득금액      │
└─────────────────────┘
          ⊖
┌─────────────────────┐
│   감면대상소득금액    │
└─────────────────────┘
          ⊖
┌─────────────────────┐
│   양도소득기본공제    │
└─────────────────────┘
          ⊜
```

17. 양도가액

....

부동산을 매도·교환·현물출자 등 유상으로 양도하고 그 대가로 실제로 받았거나 받기로 한 금액의 합계 금액을 말한다.

1) 양도가액의 범위

양도가액의 범위는 부동산양도의 대가이다.

양도가액은 실지거래가액으로 계산하는 것이 원칙이다.

실지거래가액 : 자산의 양도 또는 취득 당시에 양도자와 양수자가 실제로 거래한 가액으로서 해당 자산의 양도 또는 취득과 대가관계에 있는 금전과 그밖의 재산가액을 말한다.

2) 양도가액에 포함하는 경우

(1) 양수자가 인수한 양도자의 채무(파는 사람의 채무를 부담하고 사는 것)

- 임차인의 임대보증금 반환채무
- 당해 자산에 저당권이 설정된 채무

(2) 양수자가 부담하기로 한 양도소득세

(3) 양수자가 부담약정만 하고 양수인이 이를 이행한 것

3) 양도가액에 포함하지 않는 것

(1) 대금지연에 따른 이자상당액

자산의 양도대가를 지급함에 있어서 약정기일을 어긴 대가로 받은 이자상

당액은 양도자산의 대가로 받은 금전이 아니므로 양도가액에 포함되지 않는다.

(2) 위약금 또는 배상금

계약의 위약 또는 해약으로 인한 위약금 또는 해약금은 양도자산의 대가가 아닌 손해배상 성격의 대가이므로 기타소득에 해당한다.

4) 양도가액에서 차감되는 것

(1) 계약된 매매가액 중 감액된 금액

당초 계약된 매매가액의 상황이 변경되어 금액이 감액되었다면 감액된 금액은 양도가액에서 차감된다.

(2) 손해보상금

양도자산의 하자로 인하여 보상금이 지급된 경우에는 양도가액에서 차감한다.

5) 저가 양도한 경우

소득세법 제101조에 규정한 특수관계 있는 자와의 거래로 인하여 당해소득에 대한 조세의 부담을 부당하게 감소시킨 것으로 인정되는 때에는 실지거래가액을 부인하고 시가에 의한 가액을 양도가액으로 본다.

18. 취득가액

양도소득세 신고 대상 부동산의 취득에 소요된 실지거래가액을 말한다.

1) 취득가액의 범위
- 당해 자산의 취득과 관련된 대가로 지급되어야 하고
- 실지로 지출되었거나 지출하여야 할 가액으로서
- 직접적인 대가 외에 그 취득과 관련하여 지출한 그 부대비용도 포함된다.
- 매입하는 경우 : 매입가액 + 취득세 + 기타비용

2) 취득가액 계산시 기준
(1) 당해 자산의 취득에 소요된 실지거래가액으로 실제지출된 금전의 가액으로 계산한다. 계약서상 약정된 금액이 아니라 **실제 지출된 금액**이 취득가액이 된다.

(2) 당해 자산의 취득에 직접 소요된 가액만을 취득가액에 포함한다.
위약금이나 해약금 등은 금전의 지출이 수반되었더라도 취득가액에 포함되지 않는다.

(3) 취득시 부대비용도 취득가액에 산입한다.

(4) 취득 당시 실지거래가액이 존재하지 않거나 확인되지 아니한 경우
이러한 경우에는 매매사례가액, 감정가액, 환산취득가액을 순차적으로 적용하여 취득가액을 추계로 계산할 수 있다.
양도 당시 실지거래가액은 확인되지만 취득 당시 실지거래가액을 확인할

수 없고, 매매사례가액이나 감정가액도 없는 경우에는 양도 당시 실지거래가액에 양도 당시와 취득 당시 기준시가 비율로 환산한 가액을 취득 당시 실지거래가액으로 과세한다.

3) 취득시 소요된 부대비용의 해당 요건
- 취득과 관련된 비용일 것 : 취득세 등 세금, 소송비용, 대항력 있는 임대보증금, 취득관련 수수료(취득과 관련하여 중개수수료, 법무사비용, 취득컨설팅 비용 등)
- 계약체결일 이전 또는 이후부터 소유권을 확보할 때까지 지출한 비용일 것
- 취득자가 부담의무가 있는 경비일 것
- 실제로 금전 지출이 확인될 것

4) 취득시 비용에 포함되지 않는 경우
- 취득시 부담한 부가가치세
- 금융기관 차입금에 대한 지급이자
- 연체료 : 거래가액의 지연납부로 인하여 추가로 발생하는 이자
- 경매취득의 경우 전 소유자의 관리비
- 취득 후 명도비용
- 증여세 : 증여받은 자산의 양도에 대한 양도차익을 실지거래가액에 의하여 산정하는 경우 증여세 상당액은 필요경비에 산입되지 아니한다.

19. 필요경비

....

1) 필요경비로 공제가능한 비용

(1) 취득시 비용

취득세, 등록면허세, 중개수수료, 컨설팅수수료, 법무사비용

소유권쟁송에 직접 소요된 소송비용 또는 화해비용 등

부동산을 취득함에 있어서 법령 등의 규정에 따라 매입한 국민주택채권 및 토지개발채권을 만기 전에 금융기관 등에 양도함으로써 발생하는 매각 차손

(2) 취득 후 지출비용(자본적 지출액)

당해 자산의 가치를 연장시키거나 증가를 위하여 지출한 비용

법률에 의하여 부담하는 수익자부담금, 개발부담금, 재건축부담금 등

토지이용의 편의를 위하여 지출한 장애철거비용, 도로신설비용 등

샷시, 방확장, 보일러 교체, 대수선비

(3) 필요경비에 대하여 증빙서류는 비용이 발생하였을 때 챙기지 않고 시간이 지나 양도소득세 신고할 때 챙기려면 난감할 때가 많다.

비용 발생할 때 증빙서류를 준비 안 하고 양도 후 양도소득세 신고할 때 소급해서 증빙서류를 준비하는 경우가 있는데, 이때 증빙서류의 진위를 의심받을 수 있다.

증빙서류로는 세금계산서, 현금영수증, 계약서, 비용 입금계좌 등으로 입증하면 된다. 지출한 모든 비용이 양도소득세 신고할 때 비용으로 인정되는 것은 아니다.

양도소득세 계산할 때 양도가액과 매입가격은 정해져 있기 때문에 필요경비가 얼마냐에 따라 양도소득세가 달라지게 됨으로 지출할 때 증빙은 꼭 챙겨야 한다.

2) 필요경비 포함되는 것과 포함되지 않는 것

필요경비로 공제가능한 것	지출하였으나 공제 안되는 것
- 취득세, 등록세 등 - 법무사 수수료 - 중개수수료 - 양도소득세 신고서 작성비용 - 지역정보지 매물 광고비 - 소유권 소송비용, 화해 비용 - 방확장, 온돌마루공사, 방범창 설치비 - 상하수도 배관공사 - 개발부담금 재건축부담금 - 엘리베이터 설치비 - 보일러, 배관교체공사비 - 토지 분할 측량수수료 - 토지조성비 - 묘지이장비 - 경매, 공매 취득시 대항력있는 보증금 - 매입한 채권 매각차손 금액	타일 및 위생기구 공사비 보일러 수리비용 방수 공사비 외벽 도색작업 벽지, 장판 교체비용 은행 대출금 이자 경매 취득시 이사비용 오피스텔 비품 구입비 재산세, 종합부동산세

비용으로 인정되는 것과 인정되지 않는 것을 구분하여 증빙서류를 챙겨야 한다.

20. 실지거래가액의 입증자료

....

실지거래가액의 증빙서류는 평소 준비하여야 하며, 증빙서류 내역은 다음의 거래관계인으로부터 구할 수 있다.

1) 양도자의 증빙서류

(1) 매매계약서 : 거래 당시 실제 계약 내용대로 작성된 매매계약서. 소유권 이전시 등기권리증에 끼워 넣는다.

(2) 매매대금 수수 증빙 : 매매계약부터 매매 완결될 때까지의 관련 영수증을 말하는데, 양도소득세 신고 이후에도 보관하여야 한다. 세무서에 양도소득세를 신고하여도 신고된 금액이 맞는지 세무서에서 조사하기 때문이다. 매매대금 관련 금융자료도 챙겨야 한다. 금융자료는 무통장입금증, 금융기관 발행 수표 등 수수한 매매대금의 입금 통장을 말한다.

(3) 신축관련 원시취득 증빙 : 토지를 취득한 뒤 건물을 신축한 경우에는 토지의 취득과 별개로 건물의 신축과 관련된 증빙자료를 제시하면 건물의 취득가액으로 인정된다.

2) 거래상대방의 증빙서류

(1) 장부가액 및 거래전포

(2) 거래 당시 작성된 매매계약서 및 영수증 등 원시증빙

(3) 인감증명이 첨부된 거래사실확인서

(4) 자금 주고받은 근거

3) 거래관계인의 증거 자료

거래관계인은 거래 당시 매매하는 당사자는 아니지만 거래 당시의 상황을 잘 알고 거래 당시에 입회를 하고 매매계약서에 입회인의 자격으로 서명 날인한 사람을 말한다. 거래관계인 중 대표적인 사람은 중개업자이다. 중개업자는 일정 매매계약서 등 거래 관계 서류를 일정 기간 보관할 의무가 있다.

4) 관계기관의 증빙서류

법원의 판결문, 신고 및 허가관서에 제출된 문서, 공정증서 등이 있다.

21. 장기보유특별공제

....

일정기간 이상 보유한 부동산을 양도할 때 양도소득금액 계산시 양도차익의 일정부분을 공제하여 주는 제도를 말한다.

1) 장기보유특별공제의 전제 조건

장기보유특별공제액 계산을 위해서는
- 주택과 주택 외
- 주택의 경우 조정대상지역인지 아닌지
- 보유기간이 3년 이상인지 아닌지
- 양도주택이 1세대1주택인지 아닌지
- 양도가액이 12억 원 이상인지 아닌지에 따라 장기보유특별공제 여부와 공제율이 다르기 때문에 적용을 잘해야 한다.

2) 장기보유특별공제 적용대상 자산

양도소득세 과세대상자산 중 토지·건물·조합원입주권(조합원으로부터 취득한 것은 제외)으로서 보유기간이 3년 이상인 경우에 적용.

3) 장기보유특별공제 적용제외 자산

- 조정대상지역에 있는 주택으로서 1세대 2주택에 해당하는 주택.
- 조정대상지역에 있는 주택으로서 1세대가 1주택과 조합원입주권 또는 분양권을 1개 보유한 경우의 해당 주택.
- 조정대상지역에 있는 주택으로서 대통령령으로 정하는 1세대 3주택 이상에 해당하는 주택.
- 조정대상지역에 있는 주택으로서 1세대가 주택과 조합원입주권 또는 분양권을 보유한 경우로서 그 수의 합이 3 이상인 경우의 해당 주택.

4) 보유기간의 계산

- 취득일부터 양도일까지로 한다.
- 상속받은 자산의 경우 상속개시일부터 양도일까지, 증여받은 자산의 경우 증여등기일부터 양도일까지를 보유기간으로 계산한다.

5) 1세대1주택자(실거래가 12억 원 초과)에 대한 **장기보유특별공제율은** 최대 80%(10년)를 유지하되, **적용요건에 거주기간을 추가한다.**

- 보유기간 연 8%의 공제율을 「보유기간 4% + 거주기간 4%」로 조정.
- 9억 원 이하의 1세대1주택은 비과세이며, 장기보유특별공제를 할 필요가 없다. 즉 장기보유특별공제는 12억 원 초과 고가 주택 보유시 고려해야 할 대상이다.
- 다주택자가 조정지역 주택 매도 시 장기보유특별공제는 배제된다.

6) 양도소득세 장기보유특별공제율

1세대1주택 외		1세대1주택(고가주택)			
보유기간	공제율(%)	보유기간	공제율(%)	거주기간	공제율(%)
3년이상–4년미만	6%	3년이상–4년미만	12%	2년이상 3년미만 (보유기간3년이상)	8%
				3년이상–4년미만	12%
4년이상–5년미만	8%	4년이상–5년미만	16%	4년이상–5년미만	16%
5년이상–6년미만	10%	5년이상–6년미만	20%	5년이상–6년미만	20%
6년이상–7년미만	12%	6년이상–7년미만	24%	6년이상–7년미만	24%
7년이상–8년미만	14%	7년이상–8년미만	28%	7년이상–8년미만	28%
8년이상–9년미만	16%	8년이상–9년미만	32%	8년이상–9년미만	32%
9년이상–10년미만	18%	9년이상–10년미만	36%	9년이상–10년미만	36%
10년이상–11년미만	20%	10년이상–11년미만	40%	10년이상–11년미만	40%
11년이상–12년미만	22%				
12년이상–13년미만	24%				
13년이상–14년미만	26%				
14년이상–15년미만	28%				
15년 이상	30%				

22. 양도소득기본공제

- 양도소득이 있는 거주자에 대해서는 해당 과세기간의 양도소득금액에서 연 250만 원(1월 1일부터~12월 31일)을 차감한다.
- 미등기 자산은 공제받을 수 없다.
- 보유기간에 상관없이 공제된다.

- 2개의 부동산을 팔아야 한다면 같은 연도에 팔기보다는 연도를 달리하여 파는 것이 세금을 아낄 수 있는 방법이다.
- 동일한 부동산에 소유자가 2명인 경우일 때는 매매하여 양도소득세를 신고할 때 소유자 별로 각 250만 원씩 공제된다.

23. 양도소득세 기본세율

········

과세표준		세율	누진공제
1,200만 원 이하		6%	
1,200만 원 초과	4,600만 원 이하	15%	108만 원
4,600만 원 초과	8,800만 원 이하	24%	522만 원
8,800만 원 초과	1억5천만 원이하	35%	1,490만 원
1억5천만 원 초과	3억 원 이하	38%	1,940만 원
3억 원 초과	5억 원 이하	40%	2,540만 원
5억 원 초과	10억 원 이하	42%	3,540만 원
10억 원 초과		45%	6,540만 원

종합소득 과세표준	세율
1,200만 원 이하	과세표준의 6퍼센트
1,200만 원 초과 – 4,600만 원 이하	72만 원 + (1,200만 원을 초과하는 금액의 15퍼센트)
4,600만 원 초과 – 8,600만 원 이하	582만 원 + (4,600만 원을 초과하는 금액의 24퍼센트)
8,600만 원 초과 – 1억5천만 원 이하	1,590만 원 + (8,800만 원을 초과하는 금액의 35퍼센트)
1억5천만 원 초과 – 3억 원 이하	3,760만 원 + (1억5천만 원을 초과하는 금액의 38퍼센트)
3억 원 초과 – 5억 원 이하	9,460만 원 + (3억 원을 초과하는 금액의 40퍼센트)
5억 원 초과 – 10억 원 이하	1억7,460만 원 + (5억 원을 초과하는 금액의 42퍼센트)
10억 원 초과	3억8,460만 원 + (10억 원을 초과하는 금액의 45퍼센트)

* 2021년 6월 1일 이후부터

1) 2년 미만 보유 주택(조합원입주권 · 분양권 포함)에 대한 양도소득세율 인상

- 1년 미만 보유 : 40% → 70%, 1~2년 보유 : 기본세율 → 60%

구 분		현 행			개 정	
		주택 외 부동산	주택·입주권	분양권	주택· 입주권	분양권
보유 기간	1년 미만	50%	40%	(조정대상지역) 50% (기타지역) 기본세율	70%	70%
	2년 미만	40%	기본세율		60%	60%
	2년 이상	기본세율	기본세율		기본세율	

2) 다주택자 중과세율 인상

조정대상지역 다주택자에 대한 양도소득세 중과세율 10%p 인상

- (현행) 기본세율 + 10%p(2주택) 또는 20%p(3주택 이상)

  (개정) 기본세율 + 20%p(2주택) 또는 30%p(3주택 이상)

분양권은 무조건 과세가 되며, 중과세율이 아닌 단일세율을 적용한다.

3) 세율적용시 보유기간의 계산

양도소득세율 적용시 보유기간은 그 기간의 초일을 산입하여 보유기간을 계산하며 2년 보유 계산시 취득일부터 2년이 되는 해의 해당일자 전일까지의 기간을 말한다.

24. 비사업용 부동산

....

1) 비사업용토지는 소유자가 토지의 용도에 맞게 사용하지 않으면서 보유하고 있는 토지를 말한다.

예를 들어 농사를 짓지 않는 농지, 도시에 거주하면서 보유하는 임야, 건물을 짓지 않는 대지 등이 비사업용토지이다.

비사업용토지는 양도소득세 기본세율에 10%p 가산한다.

2) 사업용토지 인정

농지는 농지소재지 또는 연접한 시·군·구(직선거리 30km 이내 지역 포함)에 살면서 직접 농사를 지어야 한다. 임야는 임야소재지(연접지와 30km 이내 지역 포함)에 실제로 살고 있어야 하며, 대지는 건물을 짓거나 주차장으로 사용하는 등 생산활동에 사용해야 사업용토지로 인정받는다.

3) 기간 요건

토지를 팔기 직전 3년 중에서 2년 이상을 사업용으로 사용하거나, 직전 5년 중에서 3년, 또는 토지 보유기간의 60% 이상 동안에 사업용도에 맞게 써야 한다. 매도하기 직전 2년을 사업용으로 사용하면 사업용토지로 인정된다. 직접 농사를 짓지 않고 사업용토지로 인정받으려면 농지은행에 8년 이상 위탁하는 방법도 있다.

4) 소유자 조건

상시 농업에 종사하거나, 농작업의 2분의 1 이상을 자기 노동력으로 경작 또는 재배해야 한다.

5) 사업용토지 인정

사업용토지로 인정받으려면 직전 3년 중에서 2년은 거주하며, 직접 경작을 해야 하는데, 이때 자경기간 중에 총급여나 사업소득(농업·임업 및 비과세 농가부업소득, 부동산 임대소득 제외)의 합계가 3,700만 원 이상인 과세기간은 경작기간에서 제외된다. 따라서 근로소득이 있다면 총급여가 한해에 3,700만 원 미만이고, 실제 농사를 지었다는 증빙이 있을 때에만 자경기간으로 인정받을 수 있다.

6) 주말농장

주말농장은 일정요건을 만족하는 경우, 근처에 살지 않고 총급여가 3,700만 원이 넘어도 비사업용토지로 중과되지 않으며, 사업용토지로 인정된다. 2003년 1월 1일 이후 농지취득자격증명으로 취득한 농지여야 하고, 세대별 소유면적이 1,000㎡ 미만이어야 한다. 주말농장으로 사용했다는 증빙서류로 농지취득자격증명을 반드시 제출해야 한다.

7) 판정제외 토지(무조건 사업용토지)

(1) 8년 이상 재촌·자경한 농지 등을 상속(증여)받은 경우

직계 존속 또는 배우자가 8년 이상 재촌·자경한 농지·임야·목장용지로서 이를 해당 직계 존속 또는 배우자로부터 상속 또는 증여받은 토지는 비사업용 토지에서 제외된다.

(2) 농지(8년 자경농지 요건과 동일)

－ 재촌요건

농지소재지와 동일한 시·군·구(자치구) 또는 연접한 시·군·구(자치구), 농지로부터 30km 이내의 지역에 거주하여야 한다.

- 자경요건

  농작물 경작 또는 다년생식물 재배에 상시 종사하거나 농작업의 1/2 이상을 자기의 노동력으로 경작 또는 재배하여야 한다.

(3) 임야

농지의 재촌요건과 동일하며, 임야의 경우는 재촌요건만 충족하면 비사업용 토지에서 제외된다.

(4) 목장용지

축산업을 영위하는 자가 소유하는 목장용지로서 축산용 토지의 기준면적 이내의 토지에 한하여 적용대상이 된다(목장용지는 재촌요건은 적용되지 아니한다.).

(5) 2007.1.1. 이후 상속농지

시 이상의 도시지역 중 주거·상업·공업지역 내 소재하는 상속에 의하여 취득한 농지로서 그 상속개시일로부터 5년 이내에 양도하는 토지는 사업용 토지에 해당된다. 2007.1.1. 이후 상속받은 농지에 대해서 적용된다.

8) 토지를 양도하는 경우

비사업용 토지에 해당하는지를 먼저 확인하고 사업용 토지로 바꾼 다음에 매도하는 것이 좋다. 몇 개월 내에 바꿀 수은 없으나 최소 2년 이후에 매도하는 경우에는 사업용 토지로 바꿀 수 있다. 농지의 경우 농사를 지었다 하여도 소득이 3,700만 원 이상인 경우에는 감면이 안될 수도 주의하여야 한다.

25. 비사업용 토지 양도소득세율

....

양도소득 과세표준	세율
1,200만 원 이하	16퍼센트
1,200만 원 초과 ~ 4,600만 원 이하	192만 원 + (1,200만 원 초과 × 25퍼센트)
4,600만 원 초과 ~ 8,800만 원 이하	1,042만 원 + (4,600만 원 초과액 × 34퍼센트)
8,800만 원 초과 ~ 1억 5천만 원 이하	2,470만 원 + (8,800만 원 초과액 × 45퍼센트)
1억 5천만 원 이하 ~ 3억 원 이하	5,260만 원 + (1억 5천만 원 초과액 × 48퍼센트)
3억 원 초과 ~ 5억 원 이하	1억 2,460만 원 + (3억 원 초과액 × 50퍼센트)
5억 원 초과 ~ 10억 원 이하	2억 2,460만 원 + (5억 원 초과액 × 52퍼센트)
10억 원 초과	4억 8,460만 원 + (10억 원 초과액 × 55퍼센트)

26. 오피스텔의 세금

....

1) 양도소득세 계산시 주택을 공부상의 용도가 아닌 실질 용도에 따라 판정

- 주거용 오피스텔만 있는 상태에서 양도하는 경우
- 주거용 오피스텔과 1주택 보유상태에서 주거용 오피스텔 양도
- 주거용 오피스텔 외의 주택 처분

		취득세 중과시	종합부동산세	양도소득세
주거용 오피스텔	2020.08.12. 이후 신규 취득분	○	○	○
	2020.08.12. 전 취득분	×	×	×
	시가표준 1억 원 이하	×	×	×
생활형 숙박시설		×	△	△
도시형 생활주택		○	○	○

2) 개인 주택수별 취득세율(단위 %)

	조정대상지역	비조정대상지역
1주택	주택 가액에 따라 1~3	
2주택	8%	1~3%
3주택	12%	8%
4주택 이상	12%	
오피스텔	4%	
생활형 숙박시설	4%	
도시형 생활주택	아파트 등 주택 기준과 동일	

※ 지방교육세, 농어촌특별세 별도이며, 일시적 2주택은 1주택 세율 적용

3) 2020년 8월 12일 이후 취득한 주거용 오피스텔은 주택이다.

8월 12일 전에 취득한 오피스텔은 주거용이라고 해도 기존대로 주택 수에 포함하지 않는다. 시가표준액 1억 원 이하일 경우에도 주택 수에서 제외된다.

자녀에게 오피스텔을 사줬다가 부모가 중과세 폭탄을 맞을 수 있다는 점도 유의해야 한다.

오피스텔과 아파트를 비슷한 시기에 취득할 예정이라면 취득 순서에 따라 중과세 여부가 달라진다.

예를 들어 무주택자가 생애 첫 주택으로 아파트를 구입한 뒤 주거용 오피스텔을 취득한다면, 오피스텔은 단일세율이므로 취득세 중과를 적용받지 않는다. 취득 순서를 거꾸로 하면 아파트 구입시 2주택자로 취득세 중과 대상이 된다.

4) 오피스텔과 아파트를 함께 갖고 있다면 양도 순서에 따라 양도소득세 액수도 달라질 수 있다.

아파트 1개, 오피스텔 1개를 보유한 경우 상대적으로 시세차익이 작은 오피스텔을 먼저 양도한 뒤 1주택자 상태로 아파트를 양도하는 게 유리하다. 이때 마지막 주택 양도시 1주택자 비과세 혜택을 받으려면 내년부터는 1주택자가 된 뒤 2년 뒤 양도해야 한다.

※ 주거용 오피스텔은 주택법상의 다른 주택을 취득했을 때 중과세율 결정시 보유 주택 수에 포함되는 것일 뿐, 그 자체를 취득했을 때에는 주택에 대한 세율이 아닌 일반 취득세율(4%)를 적용한다.

27. 양도의 시기, 취득의 시기

········

양도소득세를 납부하는 기준이 되는 소유권 이전 기준일을 확실히 알아야 한다.

부동산의 거래시점은 아래의 사항에 따라 다르다.

① 납세의무의 성립시기에 따른 신고기한의 결정
② 주택의 비과세기간 계산
③ 장기보유특별공제액 계산
④ 양도소득기본공제 대상 중복 여부
⑤ 세율의 결정 등에 중요하다.

소유권이 넘어가는 기준일은 매매계약일이 아니라 잔금청산일이다.
매매계약을 하고 계약금을 주었다고 그 부동산의 소유권이 넘어가는 것은 아니고, 잔금을 모두 치루었을 때 부동산의 소유권이 넘어가는 것이다. 잔금을 치루기 전에 소유권이전등기를 먼저 하는 경우가 있는데 이런 경우는 소유권이전등기 접수일을 매매기준일로 보게 된다.

증여의 경우에는 등기접수일, 상속의 경우에는 피상속인의 사망일이 소유권이전 기준일이 된다.

구 분		양도시기	취득시기
매 매	원 칙	잔금청산일	잔금청산일
	예 외	잔금청산일이 불분명 또는 잔금청산일 이전에 소유권 이전 등기한 경우에는 등기접수일	등기접수일
무상취득	증 여		등기접수일
	상 속		상속개시일(피상속인의 사망일)

28. 상속부동산 매매법

....

1) 1세대1주택 비과세

원칙은 피상속인 사망일이지만 동일 세대원으로부터 상속받는 경우 보유 및 거주기간을 통산한다.

예를 들어

2018년 1월 1일 주택 아버지 취득

2021년 3월 1일 아버지 사망

2021년 12월 1일 매매하는 경우, 아버지의 보유기간을 더하여 2018년 1월 1일부터 보유한 것으로 되어 비과세 될 수 있다.

2) 자경농지 감면

원칙은 피상속인의 취득일이 원칙이다.

예외 | 상속인이 비자경한 경우 상속개시일 이후부터 기산한다.

다만 상속일로부터 3년 이내 양도하는 경우에는 피상속인 자경기간을 통산하여 계산한다.

3) 상속부동산 매매 원칙

유형	취득시기 적용	범 례
양도 및 취득시기	상속개시일	양도차익 계산시 취득시기는 상속개시일(피상속인 사망일)
세율	피상속인 취득일	보유기간 계산시 피상속인 취득일부터 가산
장기보유특별공제	상속개시일	공제율 적용시 보유기간 계산
1세대1주택 비과세	상속개시일 원칙	예외 : 동일세대원으로부터 상속받은 경우 보유 및 거주기간 통산
자경감면	피상속인 취득일 원칙	예외 : 상속인이 비자경한 경우 상속개시일 이후부터 기산함. 다만, 상속일로부터 3년 이내 양도하는 경우 피상속인 자경기간 통산
비사업용 토지	상속개시일 원칙	예외 : 법령상 제한 등 적용시 피상속인 취득 후 법령상 제한이 있는 경우 제한으로는 보는 것이나 제한기간은 상속개시일부터 기산

4) 상속재산을 매매하는 경우

부동산의 종류와 매도 예정 시기에 따라 많이 다르기 때문에 여러 경우의 수를 검토한 후에 매도하여야 한다.

(1) 상속세는 반드시 신고하여야 하며, 상속재산은 실제 시세로 신고한다.

상속인의 입장에서 상속세 신고한 가액이 그 부동산의 취득가가 된다. 상속재산을 매도할 때 취득가액이 클수록 양도소득세가 작아진다는 고려하여야 한다.

(2) 상속재산을 6월 이내에 매각하는 경우

상속재산을 6월 이내에 매각하는 경우의 양도가액은 상속재산가액과 같으므로 양도소득세는 없다.

상속재산을 6월 이내에 매각하게 되면 상속세 신고할 때 양도가액을 상속가액으로 신고하면 된다.

예를 들어 : 2021년 6월 1일 상속받은 아파트를 2021년 11월 1일 5억 원에 매도한다면 5억 원(양도가액) - 5억 원(취득가액, 상속가액) = 0(양도차익)임으로 양도소득세는 없으며, 아파트의 상속가액을 5억 원으로 신고하면 된다.

(3) 상속재산을 6월 이후에 매각하는 경우

① 아파트와 같이 인근 거래사례가 있는 경우에는 인근 거래사례로 신고한다.

② 인근 거래사례가 없는 주택, 토지 등은 감정평가를 하여 상속재산가액으로 신고한다.

③ 상속세 신고시 신고한 상속재산가액은 상속재산 양도시 취득가액이 된다.

29. 증여 후 증여계약의 해제로 반환받은 경우

....

부동산을 증여하고 증여계약 해제를 원인으로 증여재산을 반환받은 경우 반환시기에 따라 취득시기를 달리 적용된다.

1) 증여받은 날이 속하는 달의 말일로부터 3개월 이내에 반환받은 경우
: 당초 증여를 없는 것으로 보아 증여세를 과세하지 아니하므로 당해 반환받은 부동산의 취득시기는 증여자가 당초 취득한 날로 봄이 타당하다.

2) 증여받은 날이 속하는 달의 말일로부터 6개월 이내에 반환받은 경우
: 수증자에 대한 증여세는 과세하지만 수증자가 증여자에게 재차 증여하는 것으로는 보지 않는다. 반환받은 날을 취득시기로 본다.

3) 증여받은 날이 속하는 달의 말일로부터 6개월이 경과된 후 반환받은 경우
: 수증자에 대한 증여세는 물론 수증자가 증여자에게 반환된 경우까지 증여세가 과세된다.

30. 허위계약서 작성

....

부동산 양도소득세는 금액이 크기 때문에 허위계약서를 통한 양도소득세 탈세에 대한 유혹이 많을 수 있으나 허위계약서 작성 등을 통해 탈세를 하게 되면, 자칫 세무당국에 적발되어 더 큰 부담을 감당할 수 있으니 탈세는 하지 말아야 한다.

부동산을 매매할 때 거래금액을 실지거래가액과 다르게 적는 경우에는 비과세나 감면이 배제되는 경우도 있으니 다운계약서나 업계약서는 안 쓰는 것이 좋다.

※ 양도세 비과세·감면 제한의 주요 사례
(1) 1세대1주택 비과세 대상자가 해당 주택의 취득 또는 양도시에 매매계약서의 거래가액을 실지거래가액과 다르게 신고한 뒤 적발 : 비과세에서 배제되어 양도소득세 과세
(2) 8년 자경농지 감면대상자 또는 대토 감면대상자가 해당 농지의 취득 또는 양도시에 매매계약서의 거래가액을 실지거래가액과 다르게 적어 신고한 후 적발 : 감면 배제되어 양도소득세 과세
(3) 취득시에 매매계약서의 거래가액을 실지거래가액과 다르게 적은 토지, 건물이 협의매수 또는 수용되는 경우 : 감면배제되어 양도소득세 과세

31. 1세대1주택 비과세
....

1) 비과세 요건
① 거주자인 1세대가 국내에 1주택을 소유할 것
② 2년 이상 보유할 것(취득 당시에 조정대상지역에 있는 주택은 해당 주택의 보유기간이 2년 이상이고 그 보유기간 중 거주기간이 2년 이상일 것)
③ 주택의 부수토지(도시지역 내의 경우에는 건물이 정착된 면적의 5배, 도시지역 밖의 경우에는 10배 이내 토지)를 포함

2) 비과세요건 판정 기준일

1세대1주택 비과세 요건의 판정은 원칙적으로 양도일 현재를 기준으로 한다.

3) 세대의 개념

(1) 세대의 개념

① 1세대란 세대별 주민등록표에 함께 기재되어 있는 가족.

② 배우자와 미혼인 30세 미만의 자녀는 세대별 주민등록표에 기재되어 있지 않더라도 같은 세대로 본다.

　　30세 미만의 자녀라 하더라도 일정소득이 있고 따로 사는 경우에는 별도의 세대로 볼 수 있다.

③ 당해 거주자의 연령이 30세 이상인 경우와 배우자가 사망하거나 이혼한 경우에는 배우자가 없어도 1세대로 본다.

(2) 세대 구성 요건

① 결혼

② 30세 이상의 성인은 세대를 구성할 수 있다.

③ 중위소득 40% 수준, 소유하고 있는 주택을 유지할 수 있고 독립된 생계를 유지할 수 있는 19세 이상인 성인은 가능하다(1인가구 중위소득 40%는 약 702,877원 정도).

　　배우자가 없는 때에도 1세대로 보는 경우.

④ 결혼을 했던 경우라도 배우자가 사망하거나 이혼했을 경우 단독세대로 인정이 된다.

　　1세대1주택자로 인정받으려면 수도, 전기요금 등 각종 공과금 영수증과 주민세 납부 영수증 등을 첨부해 부모와 자녀가 생계를 같이하고 있지 않다는 것을 입증하면 된다.

(3) 1주택의 요건

- 주택에 해당하는지 여부
- 주택의 소유권이 거주자에게 있는지 여부
- 소유 목적이 사업목적인지 거주·보유할 목적인지 여부
- 사실상 사용 용도가 주택인지 여부

※ 무허가주택 : 건축허가를 받지 않거나 불법으로 건축된 주택이라 할지라도 주택의 외형을 갖추고 영구적으로 주택으로 사용할 목적으로 건축된 건축물인 경우에는 건축에 관한 신고 여부, 건축완성에 대한 사용검사나 사용승인 여부에 불구하고 주택에 해당한다.

(4) 분양권

1세대1주택자, 조정대상지역 내 다주택자 등 양도소득세제상 주택 수를 계산할 때 조합원 입주권과 동일하게 주택분양권도 포함

2021년 1월 1일부터 신규취득한 분양권은 주택수에 포함해 과세여부를 따진다.

다만 1세대1주택 소유자가 이사 등 목적으로 분양권을 취득한 경우에는 일시적 2주택 비과세 특례를 적용한다.

(5) 양도소득세 중과세 판단시

총주택 수 포함되는 것

- 모든 주택
- 주거용 오피스텔

- 조합원입주권
- 분양권(2021.01.01. 이후 취득분)

양도소득세 중과세 판단 때 제외되는 주택 : 기준시가 3억 원 이하 주택, 조합원입주권, 분양권(수도권· 광역시· 세종시 읍면지역, 도지역에 한함)

(6) 취득세 중과세 적용시

① **총주택 수 포함되는 것**

- 모든 주택
- 주거용 오피스텔
- 조합원입주권
- 분양권
- 신탁주택

(7) 고가주택

① **고가주택** : 주택 및 이에 부수되는 토지의 양도 당시의 실지거래가액의 합계액이 12억 원을 초과하는 주택

고가주택은 비과세 요건을 충족하더라도 양도가액 중 12억 원 넘는 부분에 대해서는 양도소득세를 납부하여야 한다.

예를 들어 15억 원에 양도한 1세대1주택 비과세 주택이 있다면

비과세 : 양도차익 × (12억 원 / 전체 양도가액)

과세　 : 양도차익 × (전체 양도가액 − 12억 원) / 전체 양도가액

② **겸용주택** : 하나의 건물이 주택과 주택 외의 부분으로 이루어진 경우 주택의 면적이 주택 외의 면적보다 큰 경우에는 그 전부를 주택으로 보

아 1세대1주택 비과세 규정을 적용한다. 일반적으로 1층 상가, 2,3층 사무실 및 주택, 4층은 주택으로 이루어진 말한다.

③ **9억 원 초과 겸용주택(상가주택)** : 2022.01.01. 이후 양도분부터 주택부분만 주택으로 보아 비과세 양도차익과 1세대1주택에 대한 장기보유특별공제율을 적용한다.

(8) 용도에 의한 주택

국세의 원칙은 실질과세원칙이다. 공부상 용도가 기준이 되는 것이 아니라 사실상 사용되는 용도에 따라 과세되어야 한다.

① **용도에 의한 주택 여부 판단**

원칙 : 사실상 용도

예외 : 공부상 용도 - 사실상 용도가 불분명한 경우에는 공부상 용도기준으로 주택에 해당하는지 여부를 판단한다.

② **근린생활시설을 사실상 주거용으로 사용하는 경우**

공부상 용도에 불구하고 사실상 실질에 따라 건물의 용도를 구분하고 있는 점에 비추어 공부상 용도가 점포나 사무실일지라도 적법이나 불법 여부에 불구하고 상시 주거용으로 사용하면 주택으로 본다.

- 사실상 주거용으로 사용한 사실을 입증하는 서류

거주자 주민등록등본, 임대차계약서, 부동산중개업소 중개대상 물건설명서 사본, 한국전력의 전력수용가 확인서, 재산세 과세대장 사본, 면적이 불분명한 경우 건축사의 건물현황도면, 현황사진, 인근주민의 인우보증서 등.

(9) 1세대 2주택 특례 규정이 적용되는 주택

– 1세대 2주택이면서도 1세대1주택으로 비과세가 적용되는 경우

다음 거주자의 주택은 거주자의 주택수 계산에 포함되지 아니하므로, 거주자가 다른 주택을 양도하는 경우에는 그 양도하는 주택에 대해서만 1세대1주택 비과세 해당여부를 판정하면 된다.

– 일시적 1세대 2주택 특례 대상 대체 취득한 주택

일시적으로 1가구 2주택이 되는 경우에는 3년 내 기존 집을 팔면 양도소득세 비과세 혜택을 받을 수 있다.(2개의 주택이 모두 조정대상지역에 있으면 1년 내 팔아야 한다.)

가구를 합칠 당시 65세 이상이면 별도 가구로 계산되기 때문에 다주택자가 되지 않지만 65세 미만이면 2주택자로 보게 된다.

(10) 다가구주택

단독주택 내에 여러 가구가 독립하여 거주할 수 있도록 건축한 주택을 말한다. 주택 내에 여러 세대가 거주하여도 1주택으로 본다.

▶ 다가구주택의 요건

① 주택으로 쓰이는 층수(지하층 제외)가 3개 층 이하일 것.

　다만 1층 또는 일부를 필로티 구조로 하여 주차장으로 사용하는 경우에는 필로티부분을 층수에서 제외한다.

② 1개의 동으로 쓰이는 바닥면적(부설주차장 면적은 제외)의 합계가 660㎡ 이하일 것

③ 19세대 이하가 거주할 수 있을 것

※ 다주택자가 1세대1주택자가 되었을 경우 1세대1주택자로 인정받는 비과세 기간일이 2021.01.01.부터 변경된다. 다주택자가 1세대1주택 비과세를 받으려면 최종 1주택이 남은 시점부터 보유기간 2년을 충족해야 한다.

(11) 겸용주택(상가주택)의 과세법(2022년 1월 1일 이후 양도하는 분부터 적용)

겸용주택이란 상가와 주택이 한 건물에 같이 있는 것을 말한다.

9억 원을 초과하는 겸용주택에 대하여 앞으로 상가 부문에 대하여는 주택으로 보지 않고 양도소득세를 계산하게 된다.

현재까지는 고가 겸용주택이더라도 주택으로 사용하는 면적이 주택 외의 면적을 초과하면 모두 주택으로 간주하였지만 앞으로는 주택부분만 주택으로 간주한다.

고가 겸용주택(실거래가 9억 원 초과)의 주택과 주택 외 부분 개정

구분	현행	개정(2022.01.01. 이후)
주택연면적 ≤ 주택외연면적	주택부분만 주택으로 봄	(동일)
주택연면적 〉 주택외연면적	전부를 주택으로 봄	주택부분만 주택으로 봄

82

(12) 1세대1주택 비과세 적용대상 부수토지 범위 조정

현 행		개 정	
도시지역	주택정착면의 5배	도시지역 + 수도권	주택정착면의 3배
		도시지역 + 비수도권	주택정착면의 5배
도시지역 외	주택정착면의 10배	도시지역 외	주택정착면의 10배

주택의 부수토지로 보는 경우

구 분	주택에 딸린 부수토지로 보는 경우
한울타리 내 여러 필지	필지 수에 불구하고 사실상 주택과 경제적 일체를 이루는 경우
같은 세대원이 소유한 주택에 딸린 토지	주택과 그에 딸린 토지를 같은 세대원이 소유하는 경우
매매계약 체결 후 주택을 멸실한 경우	매매계약 체결 후 양도일 전에 매매계약조건에 따라 주택을 멸실한 경우
환지청산금	1세대1주택 비과세요건(고가주택 제외)을 갖춘 조합원이 조합으로부터 환지청산금을 지급받은 경우
전용 사도	해당 토지가 양도주택에만 전용으로 사용되는 필지인 경우

※ 2022년 1월 1일 이후 양도부터 과세 기준 강화

① 수도권 도시지역의 주택부수토지 : 주택면적 3배 초과부분은 주택이 아닌 토지로 과세

② 주택면적 3배 초과 부수토지 : 1세대1주택 비과세나 장기보유특별공제를 적용받지 못한다. 토지의 경우 15년 보유할 경우 장기보유특별공제율은 30%

③ 주택부수토지가 비사업용으로 분류되면 양도소득세 세율도 10% 중과

(13) 양도소득세 비과세가 배제되는 경우

① **부동산을 매매하는 거래당사자가 매매계약서의 거래가액을 실지거래가액과 다르게 적은 경우 양도소득세의 비과세 규정을 적용할 때 비과세 적용을 배제한다.**

② **상속받은 주택으로 2주택이 된 경우**

상속받은 주택과 그 밖의 주택(일반주택)을 국내에 각각 1개씩 소유하고 있는 1세대가 일반주택을 양도하는 경우에는 국내에 1개의 주택을 소유하고 있는 것으로 보아 1세대1주택 비과세를 적용한다.

③ **동거봉양 합가로 2주택이 된 경우**

1주택을 보유하고 1세대를 구성하는 자가 1주택을 보유하고 있는 60세 이상의 직계 존속을 동거봉양하기 위하여 세대를 합침으로써 1세대가 2주택을 보유하게 되는 경우 합친 날부터 10년 이내에 먼저 양도하는 주택(보유기간 등 비과세 요건을 충족한 주택)은 이를 1세대1주택으로 보아 비과세를 적용한다.

④ **혼인으로 2주택이 된 경우**

1주택을 보유하는 자가 1주택을 보유하는 자와 혼인함으로써 1세대가 2주택을 보유하게 되는 경우 또는 1주택을 1주택을 보유하고 있는 60세 이상의 직계존속을 동거봉양하는 무주택자가 1주택을 보유하는 자와 혼인함으로써 1세대가 2주택을 보유하게 되는 경우 각각 혼인한 날부터 5년 이내에 먼저 양도하는 주택은 이를 1세대1주택으로 보아 비과세를 적용한다.

⑤ **1세대 2주택에 해당하는 주택의 범위에 산입하지 않는 주택**

수도권 및 광역시·특별자치시(광역시에 소속된 군, 읍·면 및 「세종특별자치시 설치 등에 관한 특별법」 제6조제3항에 따른 읍·면에 해당하는 지역을 제외한다) 외의 지역에 소재하는 주택으로서 해당 주택 및 이에 부수

되는 토지의 기준시가의 합계액이 해당 주택 또는 그 밖의 주택의 양도 당시 3억 원을 초과하지 않는 주택

(14) 1세대1주택 비과세 체크리스트

체크항목	확인서류	확인내용
주택여부	건축물관리대장 등	양도하는 건물이 주거용으로 사용하는 주택에 해당해야 한다. 주택이란 공부상의 용도구분에 관계없이 사실상 주거용으로 사용하는 건물을 말한다.
보유요건	등기부등본 등	양도주택을 2년 이상 보유하여야 한다.
거주요건	주민등록등본 등	취학, 근무상 형편, 질병의 치료 및 요양 등 부득이한 사유로 양도하는 경우와 '17.08.03 이후 취득한 조정대상지역 소재 주택을 양도하는 경우 등은 각각 1년 및 2년 이상 거주하여야 비과세 받을 수 있다.
1세대	주민등록등본 등	거주자 및 배우자가 그들과 같은 주소 또는 거소에서 생계를 같이 하는 자와 함께 구성하는 가족단위를 "세대"라 하며, 양도 당시 세대 현황으로 비과세 판단한다. 취학, 근무상 또는 사업상 형편, 질병의 요양 등 사유로 일시 퇴거한 사람도 세대원에 포함하며, 부부는 각각 세대를 달리 구성해도 동일 세대로 본다.
1주택		양도 당시 1세대가 보유하고 있는 주택수가 1개여야 한다. 2주택 이상이라도 일시적 2주택, 상속주택, 농어촌주택 등 법률에 정한 경우 비과세 가능하다.
부수토지	토지대장 등	주택에 부수토지는 일정면적 이내만 비과세 된다. 일정면적 초과 면적은 비사업용토지에 해당한다.
고가주택		실지거래가액이 12억 원을 초과하는 경우 전체 양도차익 중 12억 원 초과하는 양도가액 비율만큼은 비과세 받을 수 없다.

32. 조정대상지역

....

	투기과열지구(49개)	조정대상지역(111호)
서울	전 지역('17.08.03)	
경기	과천('17.08.03) 성남분당('17.09.06) 광명, 하남('18.08.28) 수원, 성남수정, 안양, 안산단원, 구리, 군포, 의왕, 용인수지·기흥, 동탄2주1('20.06.19)	과천, 성남, 하남, 동탄2('16.11.03), 광명('17.06.19) 구리, 안양동안, 광교지구('18.08.28), 수원팔달, 용인수지·기흥('1812.31), 수원영통·권선·장안, 안양만안, 의왕 ('20.02.21) 고양, 남양주주2, 화성, 군포, 안성주4, 부천, 안산, 시흥, 용인처인주3, 오산, 평택, 광주주5, 양주주6, 의정부('20.06.19) 김포주7('20.11.20) 파주주8('20.12.18)
인천	연수, 남동, 서('20.06.19)	중주9, 동, 미추홀, 연수, 남동, 부평, 계양, 서 ('20.06.19)
대전	동, 중, 서, 유성('20.06.19)	동, 중, 서, 유성, 대덕('20.06.19)
부산		해운대, 수영, 동래, 남, 연제('20.11.20) 서, 동, 영도, 부산진, 금정, 북, 강서, 사상, 사하 ('20.12.18)
대구	수성('17.09.06)	수성('20.11.20) 중, 동, 서, 남, 북, 달서, 달성군주10('20.12.18)
광주		동, 서, 남, 북, 광산구('20.12.18)
울산		중, 남구('20.12.18)
세종	세종('17.08.03)	세종주11('16.11.03)
충북		청주주12('20.06.19)
충남		천안동남주13, 서북주14, 논산주15, 공주주16 ('20.12.18)
전북		전주완산, 덕진구('20.12.18)
경남	창원의창구주22	창원성산구('20.12.18)
경북		포항남구주20, 경산주21('20.12.18)
전남		여수주17, 광양주19, 순천주18('20.12.18)

주1) 화성시 반송동·석우동, 동탄면 금곡리·목리·방교리·산척리·송리·신리·영천리·오산리·장지리·중리·청계리 일원에 지정된 동탄2택지개발지구에 한함

주2) 화도읍, 수동면 및 조안면 제외

주3) 포곡읍, 모현읍, 백암면, 양지면 및 원삼면 가재월리·사암리·미평리·좌항리·맹리·두창리 제외

주4) 일죽면, 죽산면 삼죽면, 미양면, 대덕면, 양성면, 고삼면, 보개면, 서운면 및 금광면 제외

주5) 초월읍, 곤지암읍, 도척면, 퇴촌면, 남종면 및 남한산성면 제외

주6) 백석읍, 남면, 광적면 및 은현면 제외

주7) 통진읍, 대곶면, 월곶면, 하성면 제외

주8) 문산읍, 파주읍, 법원읍, 조리읍, 월롱면, 탄현면, 광탄면, 파평면, 적성면, 군내면, 장단면, 진동면 및 진서면 제외

주9) 을왕동, 남북동, 덕교동 및 무의동 제외

주10) 가창면, 구지면, 하빈면, 논공읍, 옥포읍, 유가읍 및 현풍읍 제외

주11) 「신행정수도 후속대책을 위한 연기·공주지역 행정중심복합도시 건설을 위한 특별법」 제2조 제2호에 따른 예정 지역에 한함

주12) 낭성면, 미원면, 가덕면, 남일면, 문의면, 남이면, 현도면, 강내면, 옥산면, 내수읍 및 북이면 제외

주13) 목천읍, 풍세면, 광덕면, 북면, 성남면, 수신면, 병천면 및 동면 제외

주14) 성환읍, 성거읍, 직산읍 및 입장면 제외

주15) 강경읍, 연무읍, 성동면, 광석면, 노성면, 사월면, 부적면, 연산면, 벌곡면, 양촌면, 가야곡면, 은진면 및 채운면 제외

주16) 유구읍, 이인면, 탄천면, 계룡면, 반포면, 의당면, 정안면, 우성면, 사곡면 및 신풍면 제외

주17) 돌산읍, 율촌면, 화양면, 남면, 화정면 및 삼산면 제외

주18) 승주읍, 황전면, 월등면, 주암면, 송광면, 외서면, 낙안면, 별량면 및 상사면 제외

주19) 봉강면, 옥룡면, 옥곡면, 진상면, 진월면 및 다압면 제외

주20) 구룡포읍, 연일읍, 오천읍, 대송면, 동해면, 장기면 및 호미곶면 제외

주21) 화양읍, 진량읍, 압량읍, 와촌면, 자인면, 용성면, 남산면 및 남천면 제외

주22) 대산면 제외

33. 조정대상지역 지정효과

. . . .

		조정대상지역	투기과열지구
금융	가계 대출	• 2주택 이상 보유세대는 주택 신규 구입을 위한 주담대 금지(LTV 0%) • 주택 구입시 실거주목적 제외 주담대 금지 – (예외) 무주택세대가 구입 후 6개월 내 전입, 1주택세대가 기존주택 6개월 내 　 처분 및 전입시	
		• LTV : 9억 이하 50%, 9억 초과 30% – (서민·실수요자) 10%p 우대 • DTI : 50% – (서민·실수요자) 10%p 우대	• LTV : 9억 이하 40%, 9억 초과 20%, 　 15억 초과 0% – (서민·실수요자) 10%p 우대 • DTI : 40% – (서민·실수요자) 10%p 우대
	사업자 대출	• 주택매매업·임대업 이외 업종 사업자의 주택구입목적의 주택담보 기업자금대출 　 신규 취급 금지	
세제 정비 사업		• 다주택자 양도세 중과·장특공 배제 – 2주택 +20%p, 3주택 　 +30%p('21.6.1 이후 시행) * 분양권도 주택수에 포함 • 2주택 이상 보유자 종부세 추가과세 　 +0.6~2.8%p 추가과세 • 2주택 이상 보유자 보유세 세부담 상 　 한 상향 – 2주택자(300%), 3주택자(300%) • 일시적 2주택자의 종전주택 양도기간 – 1년 이내 신규주택 전입 및 1년 이내 　 양도 • 분양권 전매시 양도세율 50% • 1주택이상자 신규 취·등록 임대주택 　 세제혜택 축소 – 양도세 중과, 종부세 합산과세	• 재건축 조합원 지위양도 제한 – 조합설립인가~ 소유권이전등기 • 재개발 조합원 분양권 전매제한 – 관리처분계획인가 ~ 소유권이전등기 • 정비사업 분양 재당첨 제한 • 거주요건을 갖춘 경우에만 조합원 분 　 양권 분양 신청 허용(수도권 재건ㅊ축 　 적용)…
전매 제한		• 분양권 전매제한 – (1지역) 소유권이전등기 　 (2지역) 1년 6개월 　 (3지역) 공공택지 1년, 민간택지 6개월	• 주택·분양권 전매제한 – 소유권이전등기(최대 5년) – 분양권상한제 적용주택 전매제한기간 　 강화
기타		• 주택 취득시 자금조달계획서 신고 　 의무화 – 기존 주택보유현황, 현금 증여 등 * 투기과열지구는 증빙자료 제출	

부산(중구, 기장군), 대구(달성군 일부), 울산(동구, 북구, 울주군), 경기(이천, 동두천), 충북(충주), 충남(아산, 당진, 계룡, 서산), 강원(원주, 춘천, 강릉), 전남(목포, 나주), 경북(포항 북구, 구미, 안동), 경남(마산, 진해, 진주, 거제, 통영, 양산, 김해).

34. 자경농지에 대한 양도소득세 감면(조세특례제한법 제69조)
....

농지소재지에 거주하는 거주자가 8년 이상 직접 경작한 토지의 양도로 인하여 발생하는 소득에 대해서는 양도소득세의 100분의 100에 상당하는 세액을 감면한다.

1) 농민
(1) 농지가 소재하는 시·군·구 안의 지역

(2) 제1호의 지역과 연접한 시·군·구 안의 지역

(3) 해당 농지로부터 직선거리 30킬로미터 이내의 지역

2) 농지 중 제외되는 농지
: 주거지역·상업지역·공업지역 안에 있는 농지로서 이들 지역에 편입된 날부터 3년이 지난 농지

3) 자경농지
(1) 8년자경농지 감면 한도 : 1년 1억 원, 5년간 2억 원 감면

(2) 보유기간 동안 8년 이상 자경하면 되며, 8년 이상 계속해서 자경해야 한다는 뜻은 아니다.

(3) 피상속인이 자경한 농지를 상속인이 1년 이상 계속해서 자경하는 경우에는 피상속인의 경작기간과 합산할 수 있다.

예 부친이 6년 자경한 농지를 상속받아 2년 자경하면 8년 자경감면을 받는다.

(4) 직계존속이 8년 이상 재촌자경요건을 갖춘 농지를 상속받은 경우에는 상속 후 3년 이내에 양도하면 양도소득세 감면 가능하다.

부모로부터 상속받은 농지를 양도하는 경우 양도소득세가 많이 나오는 경우에는 상속인들이 나누어 상속받으면 8년 자경 감면을 많이 받을 수 있다. 아니면 필지별로 나누어 연도별로 매매하는 것도 방법이다.

(5) 농지를 양도한 날이 속하는 과세연도의 과세표준신고와 함께 세액감면신청서를 납세지 관할세무서장에게 제출하여야 한다.

(6) 직접경작

① 거주자가 그 소유농지에서 농작물의 경작 또는 다년생식물의 재배에 상시 종사하는 것.

② 거주자가 그 소유농지에서 농작업의 2분의 1 이상을 자기의 노동력에 의하여 경작 또는 재배하는 것.

(7) 직접경작 기간에서 제외되는 기간

사업소득금액(농업 · 임업, 부동산임대업에서 발생하는 소득 제외)에 따른 총급여액의 합계액이 3천700만 원 이상인 과세기간이 있는 경우.

35. 8년 자경감면 체크리스트

....

체크항목	확인서류	확인내용
보유요건	등기부등본 등	양도농지를 8년 이상 보유하여야 한다.
양도 당시 농지여부	등기부등본 및 토지대장 등	양도 당시 토지의 지목이 농지에 해당해야 한다. 양도일 현재 사실상 지목현황으로 판단하며, 매매계약조건에 따른 형질변경, 법률에 의한 휴경 등은 달리 정하고 있다.
	토지이용계획 확인원	토지의 용도지역이 도시의 주거·상업·공업지역에 해당하면 감면이 배제될 수 있다. - 양도일 현재 특별시·광역시(군지역 제외) 또는 시(도농복합형태 시의 읍·면지역과 제주특별자치도에 설치권 행정시의 읍·면 제외)지역에 있는 농지 중 주거·상업·공업지역 편입일로부터 3년 경과된 농지는 감면 배제
농지소재지 거주여부	주민등록등 ·초본	농지소재지에서 8년 이상 거주하여야 한다. - 농지소재지와 동일한 시·군·자티구 안의 지역, 이와 연접한 시·군·자치구 안의 지역 또는 해당 농지로부터 직선거리 30km 이내의 지역에 거주
자경여부	농지원부 등	본인 직접 8년 이상 경작하여야 하며(가족 등 세대원이 자경하는 경우는 안된다) 상속농지의 경우 일정요건 충족시 피상속인이 경작기간과 통산한다.
	소득금액 증명원 등	양도자의 연간소득이 일정급여를 초과할 경우 자경기간에서 제외된다. - 총급여액과 사업소득금액(농업, 임업소득,농가부업소득, 부동산임대소득 제외)이 다음의 금액 이상인 과세소득은 자경기간에서 제외된다. - 도소매, 부동산매매업 등 : 3억 원 - 제조업, 소매 및 음식점업 등 : 1억 5천만 원 - 교육서비스, 수리 및 기타 서비스업 등 : 7천 5백만 원
감면종합한도		연간 1억 원, 5년 합산 2억 원까지만 감면 받을 수 있다.

36. 양도소득세 합산과세

....

소득세는 기간 과세로서 1년 동안 발생한 소득을 모아 누진세율로 과세하는 방식을 취하고 있다.

1년이란 1월 1일부터 12월 31일까지를 말한다. 즉 1월 1일부터 12월 31일까지의 1년에 1개의 부동산을 매도하면 변수가 없으나 1년에 2개 이상의 부동산을 매도하게 되면 양도시기가 언제이냐에 따라 양도소득세가 달라질 수 있다.

㉮ 1년에 2개의 부동산을 매도하는 경우

- 2개 모두 양도차익이 발생하였을 때 : 2개의 부동산을 다른 연도에 양도하면 세율이 낮아져 절세 가능하다.

- 2개 중 1개는 양도차익, 1개는 양도차손이 발생하는 경우 : 합산하면 양도소득세가 줄어든다.

37. 법인의 주택 양도

....

법인의 주택 양도차익에 대해 기본 법인세율(10~25%)에 더해 추가과세* 되는 세율을 10% → 20%로 인상

* 사원용 주택 등은 제외

- 법인이 2020.6.18. 이후 8년 장기 임대등록하는 주택도 추가세율 적용

- 법인이 보유한 주택을 취득하기 위한 권리(조합원입주권, 분양권)에 대해서도 양도시 추가세율 적용

38. 취득세 세율의 변동

....

구분	총주택 수	조정대상지역	비조정대상지역
무주택자의 취득	1개	1~3%	1~3%
1주택자의 취득	2개	일시적 2주택 : 1~3% (조정 → 조정 : 1년 내 처분 그 외 3년) 이외 : 8%	1~3%
2주택자의 취득	3개	12%	8%
3주택자의 취득	4개	12%	12%
법인		12%	12%

－ 증여 취득세

　　조정대상지역 내 3억 원 이상 : 12%

　　그 외 : 3.5%

　　1세대1주택자가 소유주택을 배우자 직계존비속에게 증여한 경우
　　3.5% 적용

주택 총취득세율

구 분		취득세율	농어촌특별세		지방교육세	계
			85㎡ 이하	85㎡ 초과		
개인	1주택	주택가액에 따라 1~3%	0%	0.2%	취득세율×1/2 ×20%	1.1~3.5%
	2주택	8%	0%	0.2%	0.4%	8.4%~8.6%
	3주택	12%				12.4%~12.6%
	4주택 이상					
	법인					

39. 양도소득세 확정신고 대상자 / 양도소득세 납부

....

> ▶ **신고방법**

(1) 양도소득세 확정 신고 대상자는 국세청 홈택스 사이트에서 전자신고하거나, 신고서를 서면으로 작성해 주소지 관할세무서에 제출(우편 신고 포함)할 수 있다. 우편 신고는 번거로울 수 있으므로 가능한 홈택스에 접속하여 신고하는 것이 좋다.

(2) 세무서를 방문할 필요 없이 인터넷으로 세금 신고를 할 수 있도록 돕는 국세청 홈택스 전자신고 서비스는 지난 1일 개통된 상태. 국세청이 사전에 신고도움 자료를 제공해 납세자들이 보다 편리하게 신고할 수 있는 여건이 만들어져 있다.

(3) 전자신고를 이용한다면 미리채움 서비스와 취득세 등 필요경비 자료를 쉽게 제공받을 수 있고 최근 5년간 감면내역 등 신고 도움자료를 간편하게 열람할 수 있다. 다만, 홈택스 전자신고는 신고기간 동안 오전 6시부터 자정까지만 가능하다.

아울러 홈택스에서 양도세 신고 후 한 번의 클릭으로 위택스와 연계해 지방소득세 납부 세액까지 모두 채워져 간편하게 신고를 마칠 수 있다.

(4) 양도세 확정 신고 과정에서 신고서·납부서(수동신고 시)를 비롯해 자산의 취득·양도 등에 관한 부속서류 등이 필요하다.

구체적으로 ▲당해 자산의 매도·매입에 관한 계약서 사본 ▲자본적 지출액·양도비 증빙자료(중개수수료, 신고서 작성비용, 법무사수수료 등) ▲감가상각비명세 등을 빠뜨리지 않고 제출해야 신고의무가 마무리된다는 점을 잊어선 안 된다. 세금신고 후 납세할 세액이 있다면 세무서 방문 없이 인터

94

넷과 스마트폰을 이용하거나 가까운 은행을 방문해서 편리하게 세금을 납부할 수 있다.

40. 양도소득세 신고납부 대상자들이 잘못 신고한 신고 사례와 유형
········

양도소득세 확정신고시 필요경비를 과다하게 공제받을 경우 공제받았던 세금을 다시 토해내는 것은 물론 가산세까지 부담할 수 있어 주의해야 한다.

양도소득세 신고의 잘못된 사례를 살펴보면 대출이자를 필요경비로 공제해 양도세를 신고하거나 리모델링 비용을 간이영수증으로 받고 이를 필요경비로 공제받으려다가 국세청에 적발된 경우

● 납세자 A씨는 청약과열지역 인기 아파트를 5억 원에 분양받고 계약금을 5,000만 원 납부한 뒤, 1억 5,000만 원에 이를 양도하면서 프리미엄을 2,000만 원으로 축소 신고해 가산세를 토해내야 했다.

● 납세자 B씨는 본인 소유 토지가 국가산업단지에 편입되어 보상금 2억 원을 수령하고 양도세를 신고했지만 보상금이 적다고 이의를 제기해 추가 수령한 5,000만 원에 대해서는 신고하지 않았다

● 납세자 C씨는 토지 및 건물을 함께 5억 원에 양도하면서 양도소득세 계산시 토지, 건물 가액을 임의로 각각 2억 원, 3억 원으로 책정해 양도세

를 과소 신고했다. 토지건물의 안분가액에 대한 기준이 불명확하거나, 기준시가 안분가액의 30% 이상 차이가 날 경우에는 기준시가로 안분하는 방식으로 계산해야 한다.

● 납세자 D씨는 본인 소유 토지에 건물을 신축해 2년이 지난 시점에 양도하면서 건물 신축금액에 대한 증빙이 없다는 이유로 환산가액으로 신고하다 국세청에 적발됐다. 건물을 신축해 5년 이내 양도하면서 취득가액에 대한 증빙이 없다는 이유로 환산취득가액으로 신고한 경우, 환산취득가액의 5% 가산세가 부과된다.

● 납세자 E씨는 아파트 취득 후 리모델링 비용 2,000만 원을 지불했다며 간이영수증을 받고 필요경비로 공제받았다가 가산세를 물어야 했다. 필요경비로 공제받을 수 있는 증빙은 세금계산서나 신용카드, 현금영수증 등을 통한 거래만 인정되기 때문에 해당 금액을 경비로 반영하지 않았는지 꼼꼼히 확인해야 한다.

● 납세자 F씨는 대출금 이자는 필요경비 공제를 받을 수 없음에도 불구하고 부동산을 취득하면서 차입한 은행 대출금에 대한 이자(5년간 5,000만 원)를 필요경비로 부당하게 공제받아 적발됐다.

● 납세자 G씨는 분양권을 취득할 때 다운계약서를 작성한 뒤 아파트 완공 후 2년 이상 보유하다가 양도하면서 해당 자산을 비과세 대상으로 판단해 양도세를 신고하지 않았다. 하지만 분양권을 취득할 때 다운계약 사실이 확인되어 비과세 혜택을 받지 못했다.

거짓계약서를 작성한 경우, 양도자가 비과세 및 감면대상자라 하더라도 비과세·감면이 배제된다.

41. 세금별 기준 시기
....

1) 취득세

(1) 납세의무자의 취득시기

① 잔금지급일과 등기접수일 중 빠른 날

② 상속시 상속개시일(피상속인 사망일)

(2) 신고납부 기한

① 취득일로부터 60일 이내

② 상속시 상속개시일이 속하는 달 말일부터 6개월 이내

2) 양도소득세

(1) 납세의무자의 양도시기

① 대금청산일과 등기접수일, 명의개서일 중 빠른 날

(2) 신고납부 기한

① 양도일이 속하는 달 말일부터 2개월 이내

② 과세연도의 익월 5월 말일까지 확정신고

3) 보유세(재산세, 종합부동산세)

(1) 납세의무자

① 과세기준일(매년 6월 1일) 현재 부동산의 실질소유자

② 실질소유자가 불분명한 경우 공부상 소유자

(2) 납부기한

① 건물 : 매년 7월 16일~31일

② 토지 : 매년 9월 16일 ~ 30일

③ 주택 : 1차 1/2 매년 7월 16일~31일, 2차 1/2 매년 9월 16일~30일

④ 종합부동산세 : 매년 12월 1일 ~ 15일

4) 6월 1일은 올해 보유세(계산서, 종합부동산세) 기준일

매년 주택보유세 납부기준일이 바로 6월 1일이어서 매월 6월 1일 현재 부동산 소유자는 절세 목적의 매매가 의미 없어진다.

재산세와 종합부동산세 과세기준일은 매년 6월 1일이다. 이날 주택 및 토지를 소유한 사람이 그해 부과되는 세금을 납부해야 한다.

상속한 집은 상속일로부터 5년 내에 팔면 주택 수에 포함하지 않는다.

상속세

1 상속세 및 증여세 절세 팁

상속세 및 증여세 절세 팁

상속세는 사망을 원인으로 발생하는 세금이고, 증여세는 살아 있을 때 재산을 넘겨주면서 발생하는 세금이다.

상속세와 증여세는 구분되어 있는 것이 아니고 연계되어 있으므로 상속세와 증여세를 함께 고려하여 절세에 대한 계획을 세워야 한다.

절세 방법으로 상속이 좋은 지, 증여가 좋은 지에 대한 정답은 없다.

세금을 합법적으로 줄이는 것이 목표라는 것을 알고 있으면 된다.

1. 상속세, 증여세 절세를 위한 제언

1) 세법에 나오는 기일은 반드시 지킨다.

세법에는 많은 기일과 기한이 나온다. 지정된 기일을 지켜야 공제가 가능하거나 불이익을 받지 않으며, 상속세와 증여세는 기일을 지키면 3% 공제도 가능하다.

세법에 정해진 기한을 단 1일 지났음에도 기일을 지키지 못함으로써 법적인 권리를 상실할 수 있고, 가산세를 납부하여야 하는 것과 같이 엄청난 손실을 초래할 수 있다.

예 신고기한, 협의분할, 배우자공제 시한 등

2) 평소 세금에 대한 대비를 하여 기간을 두고 차근차근 준비하여야 한다.

절세는 좀 더 젊을 때 상속세 등에 대하여 대비를 하여 장기간 절세 방법을 준비한다면 비용도 적게 들고 문제되지 않는 절세 계획을 세울 수 있다.

3) 증빙은 반드시 챙겨야 한다.

부동산을 거래하거나 금전거래를 할 때 통장이나 차용증 등의 증빙은 꼭 챙겨야 한다. 어제 별일 없었으니 오늘도 괜찮겠지, 또는 나중에 필요할 때 한꺼번에 챙기겠다는 안일한 생각으로 대충 넘어가다 보면 나중에 큰 손실을 볼 수 있다.

특히 가족, 친한 친지들과의 금전 대차 거래 등에서 차용증이나 관련 서류를 챙기지 않으면 후에 세금 폭탄을 맞을 수도 있다는 점을 유의해야 한다. 먼 곳에 있거나 알지 못하는 사람보다는 가까운데 있는 항상 믿었던 사람에 의해서 발생하는 손실이 크다는 것을 명심해야 한다.

4) 세법에 나오는 공제를 알아야 한다.

세법에는 많은 공제가 나오는데 공제부분을 잘 이용한다면 절세가 가능하다.

예를 들어 부부간의 증여공제액이 6억 원임으로 증여금액이 10년간 시가 6억 원을 넘지 않으면 증여세를 내지 않아도 된다.

절세는 새로운 규정을 만드는 것이 아니라, 기존의 규정을 정확하게 인지하여 준비하는 것이 절세이다.

공제에 대해 공부하고 공제의 조건에 맞추어 준비하는 것이 절세이다.

5) 세금을 절세하는 방법은 개개인의 상황에 따라 다르다.

세금을 절세하는 방법에 정답은 없다. 개개인의 상황이 다르듯 절세 방법도 다르기 때문에 개개인의 사정을 세법에 대비하여 비교 분석 후 절세방법을 찾아야 한다.

자신의 상황을 제대로 파악하지 못하고 절세에 대한 정답을 구하려 한다면 우물에 가서 숭늉 찾는 격이 될 것이다.

⑩ 상속과 증여 중 절세를 위해서는 어떤 것이 좋을까?

이 질문에 정답은 없다.

개개인의 사정에 따라서 상속이 유리한 경우도 있고, 증여가 유리한 경우도 있기 때문이다.

6) 비교적 젊고 건강한 자산가들이라면 꾸준히 증여를 통하여 재산을 이전하는 것이 좋다.

증여의 경우 10년간의 증여가액은 합산하여 세율과 공제액이 적용됨으로 앞으로 자산가치 상승이 크게 예상되는 부동산부터 우선 증여한다.

서울의 아파트 가격 평균이 11억 원인 시대에 접어들었다. 최근의 부동산 가격상승은 상속세가 더 이상 소수 부자들만 신경쓰는 세금이 아닌 보편적인 세금으로 만들었다.

배우자가 있는 경우에는 30억 원 이상, 배우자가 없는 경우 5억 원 이상이면 상속세 과세 대상이 된다. 상속이나 증여에 대하여 신경을 쓰지 않는다면 후에 세금 폭탄을 맞게 될 가능성이 크다.

7) 임대소득이 가능한 부동산, 배당소득이 가능한 주식 등 소득창출이 가능한 재산을 우선 증여한다.

소득창출이 가능한 자산을 증여받으면 그 자산을 기반으로 자산을 늘릴 수 있고, 상속세·증여세 절세방법을 좀 더 다양하게 할 수 있다.

8) 장기적인 계획을 세워야 한다.

예를 들어 아버지의 사망으로 상속세를 적게 내기 위해 배우자 공제를 한 도껏 하게 된다면, 후에 어머니가 사망하였을 때 많은 상속세를 부담할 수 있다. 상속이나 증여는 단발성이 아니라 계속 연결되는 것이므로 장기적인 계획을 세워야 한다.

2. 용어 설명

- **사망** : 호흡과 심장의 고동이 영구적으로 정지하는 것이다. 사망 여부와 그 시기는 법률상 상속 유언의 효력 발생, 상속 순위 등 여러 법률 문제와 관계됨으로 중요하다.

- **실종** : 사람이 어디론가 사라져서 찾을 수 없게 되는 것을 말한다. 사람이 납치, 가출 등의 이유로 잠적한 경우와 재난사고로 인하여 생사가 확인되지 않지만 사망한 것으로 간주하는 것이다.
부재자의 생사가 5년간 분명하지 아니할 때에는 법원은 이해관계인이나 검사의 청구에 의하여 실종선고를 하여야 한다. 항공기의 추락, 선박의 침몰 등 위난이 종료 후 1년간 생사가 불명할 때에도 법원은 실종선고를 하여야 한다.

- **상속** : 일정한 친족관계가 있는 사람 사이에 한쪽이 사망하거나 법률상의 원인이 발생하였을 때, 재산적 또는 친족적 권리와 의무를 포괄적으로 계승하는 제도이다.

- **상속세** : 사망으로 그 재산이 가족이나 친족 등에게 무상으로 이전되는 경우에 당해 상속재산에 대하여 부과하는 세금.
  - **피상속인** : 사망한 사람
  - **상속인** : 사망한 사람의 재산을 받은 사람

- **증여** : 그 행위 또는 거래의 명칭·형식·목적 등과 관계없이 직접 또는 간접적인 방법으로 타인에게 무상으로 유형·무형의 재산 또는 이익을 이전하거나 타인의 재산가치를 증가시키는 것을 말한다.
  - **수증자** : 증여재산을 받은 자
  - **증여자** : 증여재산을 주는 자

- **특수관계인의 범위** : 본인과 친족관계, 경제적 연관관계 또는 경영지배관계 등 관계에 있는 자

예 아버지가 사망하여 자녀가 아버지의 재산을 물려받을 때
→ 이를 상속이라 하며, 아버지를 피상속인, 자녀를 상속인이라 한다.
어머니가 살아 있으면서 자식에게 재산을 줄 때
→ 이를 증여라 하며, 어머니를 증여자, 자녀를 수증자라 한다.

② 상속세

1. 상속세 순위

....

상속세 납세의무자는 사망한 사람(피상속인)으로부터 재산을 물려받는 사람(상속인)이다.

유언이나 증여받는 경우 외에는 상속의 순위는 민법 규정에 따른다.

[상속의 순위(민법 제1000조)]

우선순위	피상속인과의 관계	상속인 해당 여부
1순위	직계비속(각 1)과 배우자(1.5)	항상 상속인
2순위	직계존속(각 1)과 배우자(1.5)	직계비속이 없는 경우
3순위	형제자매(각 1)	1, 2 순위가 없는 경우 상속인
4순위	4촌 이내의 방계 혈족	1, 2, 3 순위가 없는 경우 상속인

1) **상속인** : 피상속인과 촌수가 가까운 자, 촌수가 같은 상속인이 여러 명인 경우에는 공동상속인이 된다.

2) **태아** : 상속 순위를 결정할 때는 이미 출생한 것으로 본다.

3) 배우자
- 직계비속과 같은 순위로 공동상속인이 되며, 직계비속이 없는 경우에는 2순위 상속인인 직계존속과 공동상속인이 된다.
- 직계비속과 직계존속이 없는 경우에는 단독 상속인이 된다.

4) 상속인이 될 직계비속 또는 형제자매가 상속개시 전에 사망하거나 결격자가 된 경우에 그 직계비속이 있는 때에는, 그 직계비속이 사망하거나 결격된 자의 순위에 갈음하여 상속인이 된다.

예시 | 아버지보다 아들이 먼저 사망한 뒤 아버지가 사망하였을 때, 아들에게 돌아갈 상속재산은 아들의 배우자와 자녀가 상속인이 되어 상속재산을 상속받는다.

① 상속인(특별연고자 중 영리법인은 제외한다) 또는 수유자(영리법인은 제외한다)는 상속재산 중 각자가 받았거나 받을 재산을 기준으로 상속세로 납부할 의무가 있다.
② 제1항에 따른 상속세는 상속인 또는 수유자 각자가 받았거나 받을 재산을 한도로 연대하여 납부할 의무를 진다.

2. 상속세 과세대상
....

1) 상속세 과세대상
사망자(피상속인)이 **상속개시일** 현재 거주자인지 비거주자인지 여부에 따라 과세대상 범위가 달라진다.

- **거주자인 경우** : 국내 및 국외에 있는 모든 상속재산.
- **비거주자인 경우** : 국내에 있는 모든 상속재산.

2) **상속개시일** : 피상속인이 사망한 날을 말한다. 다만, 피상속인의 실종선고로 인하여 상속이 개시되는 경우에는 실종선고일을 말한다.

3) **상속재산** : 피상속인에게 귀속되는 모든 재산을 말하며, 다음의 물건과 권리를 포함한다. 다만, 피상속인의 일신(一身)에 전속(專屬)하는 것(예 : 공인중개사, 행정사 자격증 등과 같이 사망하면 자격증을 잃는 것)으로서 피상속인의 사망으로 인하여 소멸되는 것은 제외한다.
가. 금전으로 환산할 수 있는 경제적 가치가 있는 모든 물건.
나. 재산적 가치가 있는 법률상 또는 사실상의 모든 권리.

4) **거주자** : 국내에 주소를 두거나 183일 이상 거소를 둔 사람.
　비거주자 : 거주자가 아닌 자.

3. 상속세 연대납부

상속인은 부과된 상속세에 대하여 **각자가 받았거나 받을 재산(=자산총액-부채총액-상속세액)을 한도로** 연대하여 납부할 의무가 있다. 각자가 받았거나 받을 재산에는 상속재산에 가산하는 증여재산이나 추정상속재산 중 상속인이나 수유자의 지분 상당액이 포함된다.

따라서 상속세 납세의무자 등 일부가 상속세를 납부하지 아니한 경우에는 다른 상속세 납부의무자들이 미납된 상속세에 대하여 자기가 받았거나 받을 재산을 한도로 연대 납부할 책임이 있다.

㈀ 상속재산 20억 원, 상속인 : 5명, 각자 4억 원씩 나누어 상속받음.
상속세 5억 원이 상속인 각자에게 각 1억 원씩 부과되었으나 상속세를 납부하여야 할 상속인 중 1인이 상속세를 납부하지 못하였다면, 재산이 있는 다른 상속인들은 상속세를 납부할 의무가 있다.

4. 유언의 방식
....
민법은 유언의 방식을 엄격히 정하여, 그에 따르지 않은 유언은 무효로 하고 있다. 그 방식에는 다음의 5가지가 있다.

1) 자필(自筆) 증서에 의한 유언(민법 제1066조)
자필증서에 의한 유언은 유언자가 그 전문(全文)과 연월일·주소·성명을 스스로 쓰고(자서), 날인하여야 한다.
문자의 삽입, 삭제 또는 변경을 할 때는 유언자가 이를 자서하고 날인하여야 한다.

2) 녹음에 의한 유언(민법 제1067조)
녹음에 의한 유언은 유언자가 유언의 취지, 성명과 연월일을 구술하고, 이에 참여한 증인이 유언의 정확함과 그 성명을 구술하여야 한다.

3) 공정증서에 의한 유언(민법 제1068조)

유언자가 증인 2인이 참여한 공증인의 면전에서 유언의 취지를 구수(口授)하고, 공증인이 이를 필기·낭독하여 유언자와 증인이 그 정확함을 승인한 후 각자 서명 또는 기명날인하여야 한다(1068조).

4) 비밀증서에 의한 유언(민법 제1069조)

유언자가 필자의 성명을 기입한 증서를 엄봉·날인하고, 이를 2인 이상의 증인 면전에 제출하여 자기의 유언서임을 표시한 법전대로 그 봉서표면에 제출 연월일을 기재하고 유언자와 증인이 각자 서명 또는 기명날인하여야 한다.

이 유언봉서는 그 표면에 기재된 날로부터 5일 내에 공증인 또는 법원서기에게 제출하여, 그 봉인 위에 확정일자인을 받아야 한다

5) 구수증서에 의한 유언(민법 제1070호)

질병, 기타 급박한 사유로 위의 4가지 방식에 의할 수 없는 경우에, 유언자가 2인 이상의 증인의 참여로 그 1인에게 유언의 취지를 구수하고, 그 구수를 받은 자가 이를 필기·낭독하여 유언자와 증인이 그 정확함을 승인한 뒤, 각자 서명 또는 기명날인하여야 한다.

이 유언은 증인 또는 이해관계인이 급박한 사유의 종료일로부터 7일 내에 법원에 그 검인(檢認)을 신청하여야 한다. 이 유언에는 피성년후견인의 의사능력이 회복된 상태를 의사가 유언서에 부기할 필요는 없다.

제1072조(증인의 결격사유) ① 다음 각 호의 어느 하나에 해당하는 사람은 유언에 참여하는 증인이 되지 못한다.

1. 미성년자
2. 피성년후견인과 피한정후견인

3. 유언으로 이익을 받을 사람, 그의 배우자와 직계혈족

4. 상속세 납부기한

피상속인이 거주자인 경우에는 상속개시일이 속하는 달의 말일부터 6월 이내이다(피상속인이나 상속인 전원이 비거주자인 경우에는 9월 이내).

상속세 신고서는 피상속인의 주소지를 관할하는 세무서에 제출해야 한다. 신고하는 방법은 세무서에 서면 제출하거나 홈택스를 통하여 신고할 수 있다.

5. 상속세 계산 순서

....

총상속재산가액	• 상속재산가액 : 국내외 소재 모든 재산, 상속개시일 현재의 시가로 평가
	   – 본래의 상속재산(사망 또는 유증·사인증여로 취득한 재산)
	   – 상속재산으로 보는 보험금·신탁재산·퇴직금 등
	• 상속재산에 가산하는 추정상속재산

⊖

비과세 및 과세가액 불산입액	• 비과세 재산 : 국가·지방자치단체에 유증한 재산, 금양임야, 문화재 등

⊖

공과금·장례비용·채무	

⊕

사전증여재산	• 피상속인이 상속개시일 전 10년(5년) 이내에 상속인(상속인이 아닌 자)에게 증여한 재산가액 • 단, 증여세 특례세율 적용 대상인 창업자금, 가업승계주식 등은 기한없이 합산

⊖

상속세 과세가액	

⊖

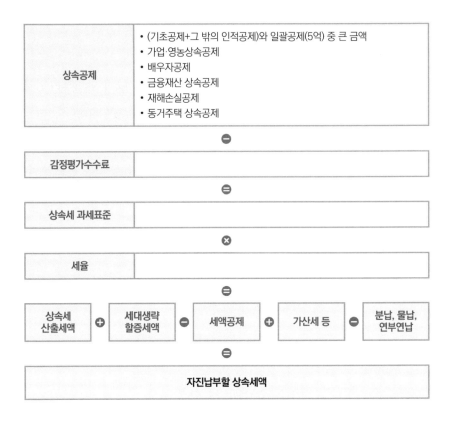

상속공제	• (기초공제+그 밖의 인적공제)와 일괄공제(5억) 중 큰 금액 • 가업·영농상속공제 • 배우자공제 • 금융재산 상속공제 • 재해손실공제 • 동거주택 상속공제

⊖

감정평가수수료	

⊖

상속세 과세표준	

⊗

세율	

⊖

상속세 산출세액	⊕	세대생략 할증세액	⊖	세액공제	⊕	가산세 등	⊖	분납, 물납, 연부연납

⊖

자진납부할 상속세액

6. 상속재산가액

....

1) 본래의 상속재산

- 피상속인에게 귀속되는 모든 재산.

- 금전으로 환산할 수 있는 경제적 가치가 있는 모든 물건.

- 재산적 가치가 있는 법률상 또는 사실상의 모든 권리.

2) 상속재산으로 보는 보험금 · 신탁재산 · 퇴직금 등(간주상속재산)

(1) **보험금** : 피상속인의 사망으로 인하여 지급받는 생명보험 또는 손해보험의 보험금으로서 피상속인이 보험계약자(보험계약자가 피상속인 외의 자이나 피상속인이 실제 보험료를 납부한 경우 포함)인 보험계약에 의하여 받는 것

(2) **신탁재산** : 피상속인이 신탁한 재산의 경우, 그 신탁재산가액과 피상속인이 신탁으로 인하여 신탁의 이익을 받을 권리를 소유한 경우, 그 이익에 상당하는 가액

(3) **퇴직금 등** : 피상속인의 사망으로 인하여 피상속인에게 지급될 퇴직금, 퇴직수당, 공로금, 연금 또는 이와 유사한 것으로 국민연금법, 공무원연금법 등 각종 법령에 따라 지급되는 유족연금 등은 상속재산에 포함되지 않는다.

3) 추정상속재산

상속개시일 전 재산을 처분하거나 예금을 인출 또는 채무를 부담한 경우로서 사용처가 객관적으로 명백하지 아니한 금액은 이를 상속인이 상속받은 것으로 추정하여 상속세 과세가액에 산입(이하 '추정상속재산')된다.

피상속인이 재산을 처분하여 받은 그 처분대금 또는 피상속인의 재산에서 인출한 금액에 대해 상속인이 구체적인 사용처를 규명해야하는 대상은 다음과 같다.

- 상속개시일 전 1년 이내에 재산종류별로 계산하여 피상속인이 재산을 처분하여 받거나 피상속인의 재산에서 인출한 금액이 2억 원 이상인 경우.

- 상속개시일 전 2년 이내에 재산종류별로 계산하여 피상속인이 재산을 처분하여 받거나 피상속인의 재산에서 인출한 금액이 5억 원 이상인 경우.
⇒ 추정상속재산가액 = 용도 불분명금액 − Min(상속추정대상금액×20%, 2억 원)

※ 재산종류별이란

1. 현금·예금 및 유가증권

2. 부동산 및 부동산에 관한 권리

3. 1과 2 외의 기타 재산

7. 보험금

....

피상속인의 사망으로 인하여 받는 생명보험 또는 손해보험의 보험금으로서 피상속인이 보험계약자인 보험계약에 의하여 받는 것은 상속재산으로 본다.

1) 보험금과 관련하여 등장하는 3인은 보험계약자, 피보험자, 수익자이다.

(1) 보험계약자 : 보험에 가입하는 사람으로서 보험회사와 자기의 이름으로 보험 계약을 체결하고 보험료 납입의 의무를 지는 사람을 말한다.
(2) 피보험자 : 생명보험 계약에 있어서는 사람의 생·사라는 보험사고 발생의 객체가 되는 사람, 손해보험계약에서는 보험사고가 발생함으로써 손해를 입은 자를 말한다.

(3) **수익자** : 보험자(보험회사)로부터 보험의 목적인 보험금을 받게 되는 사람을 보험수익자라고 한다.

(4) **보험료** : 보험계약자가 보험계약에 의하여 보험자(보험회사)에 지급하는 금액.

(5) **보험금** : 보험사고가 발생했을 때 보험계약에 따라 보험자(보험회사)가 수익자에게 지급하는 금전.

2) 보험계약자가 피상속인이 아닌 경우에도 피상속인이 실질적으로 보험료를 납부하였을 때에는 피상속인을 보험계약자로 보아 상속재산으로 본다.

⇒ 보험료를 누가 납부하는지, 보험금을 누가 받는지에 따라 세금 문제가 발생한다.

권리관계			비고
보험계약자	피보험자	수익자	
아버지	어머니	아버지	해당없음
아버지	아버지	어머니	상속
아버지	어머니	자녀	증여
자녀	부모님	자녀	해당없음
아버지	어머니	법정상속인	남편지분 : 해당없음 (보험금-보험료) : 증여

피상속인이 부담한 보험료의 금액

상속재산으로 보는 보험금 = 지급받은 보험금의 총합계액 × 해당 보험계약에 따라 피상속인의 사망시까지 납입된 보험료의 총합계액

3) 고액 자산가 또는 기업의 ceo인 경우 예상하지 못한 사망으로 상속에 대해 제대로 준비가 안된 상황에서 상속인들이 상속세 문제에 부딪히는 경우, 자산 매각을 통하여 상속세를 준비하거나 심지어 상속세 납부를 위해 회사의 경영권을 매각하는 경우도 있다. 평소 상속인이 상속세 납부를 할 수 있도록 준비하는 것도 재산을 물려주는 것 만큼이나 중요한 일이다.

8. 과세가액 불산입재산

....

1) **문화의 향상, 사회복지 및 공익의 증진을 목적으로 하는 공익법인 등이 출연 받은 재산은 상속세 과세가액에 산입되지 않는다.**

공익과 선행을 앞세워 변칙적으로 증여세 탈세수단으로 이용되는 사례를 방지하기 위하여 일정한 요건과 규제조항을 두어 당해 요건 위배 시 상속세를 추징하게 된다.

2) 상속세 과세표준 **신고기한 이내에 공익법인 등에게 출연한 재산**

상속세 과세표준 신고기한 이내에 공익신탁을 통하여 공익법인 등에 출연하는 재산의 가액.

3) 민법 1008조의 3(분묘 등의 승계)

분묘에 속한 1정보(3,000평) 이내의 금양임야와 600평 이내의 묘토인 통지, 족보와 제구의 소유권은 제사를 주재하는 자가 이를 승계한다.

제사를 주재하는 상속인을 기준으로 2억 원을 한도로 한다.

9. 공과금, 장례비용, 채무공제액

....

1) 공과금

(1) 공과금이란 상속개시일 현재 피상속인이 납부할 의무가 있는 것으로서 상속인에게 승계된 조세·공공요금 등을 말한다.

(2) 상속개시일 이후 상속인의 귀책사유로 납부하였거나 납부할 가산세·가산금·체납처분비·벌금·과료·과태료 등은 공제할 수 없다.

(3) 피상속인이 비거주자인 경우에는 당해 상속재산에 관한 공과금만 상속재산가액에서 차감할 수 있다.

2) 장례비용

(1) **장례비용** : 피상속인의 사망일부터 장례일까지 장례에 직접 소요된 금액과 봉안시설의 사용에 소요된 금액을 말한다.

(2) **직접 소요된 금액**
   - 봉안시설의 사용에 소요된 금액을 제외.
   - 5백만 원 미만인 경우 : 5백만 원 공제.
   - 1천만 원 초과하는 경우 : 1천만 원까지만 공제.

(3) **봉안시설, 자연장지에 사용된 금액** : 별도로 5백만 원을 한도로 공제.

(4) **피상속인이 비거주자인 경우에는 장례비를 공제하지 않는다.**

3) 채무

(1) 상속개시일 현재 피상속인이 부담하여야 할 확정된 채무로서 공과금 이외의 모든 부채를 말하며 상속인이 실제로 부담하는 사실이 입증되어야 한다.

국가·지방자치단체·금융기관의 채무 : 당해 기관에 대한 채무임을 확인할 수 있는 서류.

(2) **그 밖의 채무** : 채무부담계약서, 채권자확인서, 무통장입금증, 계좌 입출금 거래내역, 매월 이자 지급내역 등에 관한 증빙 등에 의하여 그 사실을 확인할 수 있는 서류.

(3) 피상속인이 비거주자인 경우에는 당해 상속재산을 목적으로 하는 임차권, 저당권 등 담보채무, 국내사업장과 관련하여 장부로 확인된 사업상 공과금 및 채무 등에 한정하여 차감할 수 있다.
채무 : 상속개시일 전 10년 이내에 피상속인이 상속인에게 부담 증여채무와 상속개시일 전 5년 이내에 피상속인이 상속인이 아닌 자에게 부담할 증여채무는 제외한다.

(4) **채무의 입증방법**

① 국가·지방자치단체 및 금융회사 등에 대한 채무는 해당 기관에 대한 채무임을 확인할 수 있는 서류.

② ① 외의 자에 대한 채무는 채무부담계약서, 채권자확인서, 담보설정 및 이자지급에 관한 증빙 등에 의하여 그 사실을 확인할 수 있는 서류.

10. 합산증여재산

....

1) 피상속인이 사망하기 전 일정기간 내에 증여한 재산의 가액(이하 '사전증여재산')은 상속세과세가액에 가산한다. 이를 합산증여재산이라 한다.

－ 상속개시일 전 10년 이내에 피상속인이 상속인에게 증여한 재산가액.

－ 상속개시일 전 5년 이내에 피상속인이 상속인이 아닌 자에게 증여한 재산가액은 상속세 과세가액에 가산한다.

2) 합산증여재산의 예외

① 증여시기에 관계없이 상속세 과세가액에 가산하는 증여재산은 조세특례제한법 제30조의5 또는 동법 제30조의6에서 규정하는 창업자금 또는 가업승계 주식 등의 증여재산이다.

－ 증여시기에 관계없이 상속세 과세가액에 가산한다.

② 비과세되는 증여재산·영농자녀가 증여받은 증여세 감면 농지·공익법인 등에 출연한 재산 등의 가액은 가산하지 않는다.

③ 상속재산의 가액에 가산하는 사망 전 증여재산가액은 증여일 현재를 기준으로 평가된 가액으로 한다.

11. 상속공제

....

1) 기초공제

사망으로 상속이 개시되는 경우 기초공제 2억 원을 공제한다.

피상속인이 비거주자인 경우에는 기초공제 2억 원은 공제되지만 다른 상속공제는 적용받을 수 없다.

2) 그 밖의 인적공제

거주자의 사망으로 인하여 상속이 개시되는 경우에는 자녀 및 동거가족에 대해 공제받을 수 있습니다.

구분	상속공제
자녀공제	자녀수×1인당 5천만 원
미성년자공제	미성년자수×1천만 원×19세까지의 잔여연수 * 상속인(배우자 제외) 및 동거가족 중 미성년자에 한함
연로자공제	연로자수×1인당 5천만 원 * 상속인(배우자 제외) 및 동거가족 중 65세 이상자에 한함
장애인공제	연로자수×1인당 1천만 원×기대여명 연수 * 상속인(배우자 제외) 및 동거가족 중 장애인 * (기대여명 연수)

- 자녀공제는 미성년자공제와 중복 적용되며, 장애인공제는 자녀·미성년자·연로자공제 및 배우자공제와 중복 적용이 가능하다.
- 미성년자공제와 장애인공제에서 연수계산시 1년 미만의 기간은 1년으로 한다.
- 동거가족은 상속개시일 현재 피상속인이 사실상 부양하고 있는 직계존비속(배우자의 직계존속을 포함한다) 및 형제자매를 말한다.

3) 일괄공제

(1) 거주자의 사망으로 인하여 상속이 개시되는 경우 : 이 경우는 상속인 또는 수유자가 배우자 및 직계비속, 형제자매 등인 때에 상속세 신고기한 내 신고한 경우에는 기초공제 2억 원과 그 밖의 인적공제액의 합계액과 5억 원

(이하 '일괄공제') 중 큰 금액을 공제받을 수 있다.

배우자 단독으로 상속받은 경우에는 일괄공제를 적용받을 수 없으며, 기초공제(2억 원 및 가업·영농상속공제 포함)와 그 밖의 인적공제의 합계액으로만 공제받을 수 있다.

Max(2억 원(기초공제) + 그밖의 인적공제 합계액, 5억 원)

⑩ 기초공제 2억 원, 그 밖의 인적공제 1억 5천만 원인 경우 ⇒ 일괄공제금액인 5억 원을 공제받을 수 있다.

상속세 신고기한 내 신고가 없는 경우에는 5억 원(일괄공제)을 공제하며 배우자가 있는 경우에는 배우자공제를 추가로 적용받을 수 있다.

(2) 일괄공제 적용 사례

구 분	일괄공제 적용여부	최하공제예상액
일반적(배우자+자녀 공동상속)	선택적용	10억 원(일괄+배우자)
무신고	강제적용	10억 원(일괄+배우자)
배우자 단독상속	적용불가	7억 원(기초+배우자)

12. 가업상속공제(상속세및증여세법 제18조 2항)

....

가업상속공제는 피상속인이 영위하던 가업을 상속인에게 승계할 수 있도록 상속세 부담을 줄여주기 위해 일정한 금액을 상속세 과세가액에서 공제하는 제도이다.

1) 가업승계제도와 가업승계 증여 특례

가업승계의 가장 큰 장애는 과도한 조세 부담이다. 한국도 OECD 37개국 중 일본에 이어 상속세율이 가장 높다.

(1) 사전증여를 통해 가업상속공제와 가업승계 증여 특례를 활용하면 조세 부담을 낮출 수 있다.

(2) 동일인에게 행한 10년을 합산하는 사전증여는 사전 증여와 합산하지 않는다. 상속세 및 증여세는 누진세율 구조로 되어 있어 과표가 높아질수록 세율도 높아지기 때문에 사전증여가 많은 자녀라면 추가 증여시 증여를 조절하여 비교적 저세율 및 단일세율로 과세될 수 있다.

(3) 주식증여 특례를 활용한 지분 이전 후 지속적인 배당을 통하여 자녀의 자금출처 마련, 소득세 및 상속세 절세가 가능하다.

▶ 가업상속공제 사전 준비가 필요한 이유

(1) 한국의 일반 상속 · 증여세율은 최고 50%의 누진세율이며, 비중소기업인 경우 최대 주주 보유주식에 대해 20%의 할증 평가를 하고 있다. 가업을 상속할 경우, 가업상속 재산은 절반도 남지 않게 된다.

(2) 가업 1세대 지분율을 100%로 가정한다면 2세대, 3세대까지의 2번의 상속을 거치게 된다면 상속재산은 이론적으로 약 20%가 채 나지 않으므로 경영권마저

위협받게 되어 가업의 안정적 지속도 어려워진다.

(3) 1세대에서 창업한 가업을 지속적으로 영위하고 상속세 납부를 위한 재원을 마련하기 위한 방법을 만들기 위해 필요하다.

▶ 가업승계 주식증여 특례 요건

(1) **가업 요건** : 10년 이상 계속 경영한 기업.

(2) **공제한도 및 세율** : (과세가액 − 5억 원 유지) × 10%(과표 30억 원 초과분 20%)

　　한도 : 30억 원 → 100억 원.

(3) **증여자 요건** : 60세 이상 부모.

(4) **수증자 요건** : 18세 이상 거주자.

　　신고기간까지 가업종사, 증여일부여 5년 이내 대표이사 취임.

(5) **사무관리요건** : 7년 내 가업에 종사하지 않거나 가업을 1년 이상 휴업, 폐업하는 경우 증여받은 주식 등 지분감소.

(6) **기타 고려 사항** : 특례 적용 증여자산 기간과 관계없이 상속세 과세가액에 가산. 상속세 산출시 특례받은 증여세액 공제(단, 증여세액이 많아도 환급 없음).

(7) **장점**

　　① 앞으로 매출 및 단기순이익 증가로 주가가 지금보다 높아질 것으로 예상되는 법인은 가업승계 주식증여 특례 활용이 유리하다.

　　② 10년 이내 사전증여와 합산하지 않는다.

　　③ 주식 증여 특례를 활용한 지분 이전 후 지속적인 배당을 통한 자녀

의 자금출처 마련, 소득세 및 상속세 절세가 가능하다.

(8) 주의할 사항

① 해당 법인의 사업용 자산비율을 계산하여 현금, 관계 회사 주식 등
이 많다면 실효성이 떨어질 수 있으므로 반드시 사전 검토하여야
한다.

② 10년 이후에도 상속세 과세가액에 가산된다는 것을 유의해야 한다.

③ 7년간 사후관리 요건이 있다는 점 또한 유의해야 한다.

2] 가업 조건

(1) 중소기업(음식업 포함) 또는 매출액 3천 억 원 미만 중견기업

피상속인이 10년 이상 계속하여 경영한 기업을 말한다.

다음 각 목의 구분에 따른 금액을 한도로 하는 가업상속 재산가액에 상당
하는 금액.

가. 피상속인이 10년 이상 20년 미만 계속하여 경영한 경우 : 200억 원

나. 피상속인이 20년 이상 30년 미만 계속하여 경영한 경우 : 300억 원

다. 피상속인이 30년 이상 계속하여 경영한 경우 : 500억 원

(2) 영농[양축(養畜), 영어(營漁) 및 영림(營林)을 포함한다. 이하 이 조에서 같다]상속 : 영농상속 재산가액(그 가액이 15억 원을 초과하는 경우에는 15억 원을 한도로 한다).

3] 가업상속으로 공제되었으나 상속세 추징하는 경우

(1) 7년 이내 다음 각 목의 어느 하나에 해당하게 된 경우

가. 해당 가업용 자산의 100분의 20(상속개시일부터 5년 이내에는 100분의

10) 이상을 처분한 경우.

나. 해당 상속인이 가업에 종사하지 아니하게 된 경우.

다. 주식 등을 상속받은 상속인의 지분이 감소한 경우.

라. 다음 ① 및 ②에 모두 해당하는 경우.

　① 정규직 근로자 수의 평균의 100분의 80에 미달하는 경우.

　② 총급여액이 상속이 개시된 소득세 과세기간 또는 법인세 사업연도의 직전 2개 소득세 과세기간 또는 법인세 사업연도의 총급여액의 평균의 100분의 80에 미달하는 경우.

마. 다음 1) 및 2)에 모두 해당하는 경우.

　① 7년간 정규직 근로자 수의 전체 평균이 기준고용인원에 미달하는 경우.

　② 7년간 총급여액의 전체 평균이 기준총급여액에 미달하는 경우.

(2) 5년 이내 영농상속 공제를 받은 후 영농상속공제의 대상이 되는 상속재산을 처분하거나 영농에 종사하지 아니하게 된 경우.

4〕 피상속인과 상속인 요건

(1) 지원 대상

상속개시일 직전 과세연도 말 현재 중소기업, 중견기업의 가업을 상속하는 경우.

피상속인 요건	상속인 요건
– 최대주주 등으로 지분의 50% 이상을 10년 이상 계속 보유 – 10년 또는 가업경영 기간의 50% 이상 대표자로 재직	– 18세 이상 자녀 또는 그 배우자 – 2년 이상 가업에 종사 – 2년 이내 대표자로 취임

(2) 지원 요건

① **상속가업 요건**

피상속인이 가업상속공제 적용 가능 업종을 주된 사업을 10년 이상 계속해서 유지 경영한 중소기업, 또는 중견기업.

② **피상속인 요건**

    - 지분요건

중견, 중소기업의 최대주주로서 피상속인과 그 특수관계인이 가지고 있는 주식이 해당 회사의 발행주식총수 등의 50%(상장기업은 30%) 이상을 10년 이상 계속해서 보유해야 한다.

    - 대표자 요건(가업의 영위기간 중 다음의 어느 하나에 해당하는 기간을 대표이사 등으로 재직).

10년 이상의 기간(상속인이 피상속인의 대표이사 등의 직을 승계해서 승계한 날부터 상속개시일까지 계속 재직한 경우로 한정).

상속개시일부터 소급해서 10년 중 5년 이상의 기간.

③ **상속인 요건**

- 연령 요건 : 상속개시일 현재 18세 이상.
- 재직 요건 : 상속개시일 전에 2년 이상 직접 가업에 종사.
- 대표자 요건 : 상속세 과세표준 신고기한까지 임원으로 취임하고 상속세 신고기한부터 2년 이내에 대표이사 등로 취임.

(3) 지원 내용

①과 ②중 작은 금액을 공제

① 가업상속재산가액

② 피상속인 경영 기간별 한도액

상속개시일	가업상속 공제액	피상속인의 가업 계속 영위기간	공제한도액
2018년 1월 1일 이후	가업상속재산가액	10년 미만	가업상속공제 적용안됨
		10년 이상~20년 미만	200억 원
		20년 이상~30년 미만	300억 원
		30년 이상	500억 원

5) 가업상속재산가액 공제

(1) 사업자의 조건

① **개인사업자 :** 가업에 직접 사용되는 토지, 건축물, 기계장치 등 사업용 자산의 가액에서 해당 자산에 담보된 채무액을 뺀 가액.

② **법인사업자 :** 가업에 해당하는 법인의 사업에 직접 사용되는 사업용 고정자산, 주식 등의 가액.

 - 「법인세법」 제55조의2에 해당하는 자산.

 - 「법인세법 시행령」 제49조에 해당하는 자산 및 타인에게 임대하고 있는 부동산(지상권 및 부동산임차권 등 부동산에 관한 권리를 포함한다)

 - 과다보유현금[상속개시일 직전 5개 사업연도 말 평균 현금(요구불 예금 및 취득일부터 만기가 3개월 이내인 금융상품을 포함한다) 보유액의 100분의 150을 초과하는 것을 말한다].

 - 법인의 영업활동과 직접 관련이 없이 보유하고 있는 주식 등, 채권 및 금융상품(라목에 해당하는 것은 제외한다).

 - 피상속인이 둘 이상의 독립된 회사를 기업을 영위했을 경우 가업상

속공제의 전체 한도는 영위기간이 가장 긴 회사의 가업상속공제를 한도로 하며, 상속세 과세가액에서 피상속인이 계속해서 경영한 기간이 긴 회사의 가업상속재산가액부터 순차적으로 공제한다.

(2) 기간별 추징율표

5년 미만 : 100분의 100 / 5년 이상 7년 미만 : 100분의 80

(3) 절차 및 제출서류

상속세 과세표준 신고시 관할 세무서장에게 제출.

- 가업상속공제신고서
- 가업상속 재산가액 명세서
- 최대주주 또는 최대출자자임을 입증하는 서류
- 상속인이 가업에 종사했음을 입증하는 서류

(4) 상속세 납부를 위한 종신 보험

저금리, 절세, 안정성, 상속시 적시성, 신뢰성 등을 모두 만족시킬 수 있는 상속세 납부를 위한 재원 마련 방법은 종신보험이다.

종신보험은 상속 시점에 정확히 수령할 수 있어 상속세 납부 목적에 적시성이 있으며, 사망보험금을 정확히 보장받을 수 있는 신뢰성도 갖고 있다. 가업승계의 가장 큰 장애물인 세금 부분을 해결할 방법을 만들어 놓는다는 것은 정신적 안정과 포만감을 가져다 줄 것이고, 가업의 규모도 더 커질 수 있을 것이다. 단, 모든 것은 전문가에게 의뢰하여 준비하여야 한다.

(5) 사후 관리

① 7년 이내 가업용 자산의 20%(상속개시일로부터 5년 이내 10%) 이상을 처분 금지.

② 가업의 주된 업종 변경금지, 1년 이상 휴업·폐업 금지.

③ 대표이사직 및 상속지분 유지.

④ 고용요건(정규직) : 7년간 사후 관리.

매년 기준 고용인원 80% 이상, 매년 급여액 80% 이상 유지.

사후관리기관 평균 기준 고용인원, 평균 급여액 100% 유지.

⑤ 가업상속공제재산에 대한 양도소득세 이월과세가 적용되는 경우 : **취득시기는 피상속인의 취득시기**를 적용한다.

⑥ 가업상속재산 이외 상속재산이 가업상속인이 부담하는 상속세액의 2배보다 큰 경우에는 가업상속공제 적용을 배제한다. 상속세및증여세법 제18조 3항 / 상속세및증여세법 시행령 제15조 7항.

가업상속공제와 영농상속공제는 동시에 적용하지 않는다.

※ 병원은 가업상속공제 대상이 됨(창업자금특례는 적용불가, 가업승계증여특례 적용불가)

(6) 요점

요건	기준	상세내역
가업	계속경영기업	피상속인이 10년 이상 계속하여 경영한 기업
	중소기업	상속개시일이 속하는 과세기간 또는 사업연도의 직전 과세기간 또는 사업연도말 현재 아래 요건을 모두 갖춘 기업 – 상증령 별표에 따른 업종을 주된 사업으로 영위 – 조특령 2조1항 1, 3호 요건(중소기업기본법상 매출액, 독립성 기준) 충족 – 자산총액 5천억 원 미만
	중견기업	상속개시일이 속하는 소득세 과세기간 또는 법인세 사업연도의 직전 소득세 과세기간 또는 법인세 사업연도 말 현재 아래 요건을 모두 갖춘기업 – 상증령별표에 따른 업종을 주된 사업으로 영위 – 조특령 9조2항 1, 3호 요건을 충족 – 상속개시일의 직전 3개 소득세과세기간 또는 법인세 사업연도의 매출액의 평균금액이 3천억 원 미만
피상속인	주식보유기준	피상속인을 포함한 최대주주 등 지분 50%(상장법인은 30%) 이상을 10년 이상 계속하여 보유
	대표이사재직요건 3가지 중 1가지충족	가업영위기간의 50% 이상 재직 10년 이상의 기간 – 상속인이 피상속인의 대표이사 등의 직을 승계하여 승계한 날부터 상속개시일까지 계속 재직한 경우 – 상속개시일부터 소급하여 10년 중 5년 이상의 기간
상속인	연령	18세 이상
	가업종사	상속개시일 전 2년 이상 가업에 종사 예외 – 피상속인이 65세 이전에 사망 – 피상속인이 천재지변, 인재 등으로 사망 * 상속개시일 2년 전부터 가업에 종사한 경우로서 병역, 질병 등의 사유로 가업에 종사하지 못한 기간은 가업에 종사한 기간으로 봄
	취임기준	신고기한까지 임원 취임 및 신고기한부터 2년 이내 대표이사 취임
	납부능력	가업이 중견기업에 해당하는 경우, 가업상속재산 외에 상속재산의 가액이 해당 상속인이 상속세로 납부할 금액에 2배를 초과하지 않을 것
	배우자	배우자가 요건 충족시 상속인 요건 충족으로 봄

13. 영농상속 공제

영농상속의 경우에는 영농상속재산가액에 상당하는 금액(15억 원 한도)을 추가로 공제한다.

영농상속공제를 적용받기 위해서는 피상속인과 상속인이 다음 요건을 모두 충족하여야 한다.

1) 피상속인이 다음 요건을 충족하는 경우

(1) 소득세법을 적용받는 영농

① 피상속인이 상속개시일 2년 전부터 영농(양축·영어 및 영림 포함)에 직접 종사

② 피상속인이 농지 등이 소재하는 시·군·구(자치구를 말함), 그와 연접한 시·군·자치구 또는 해당 농지 등으로부터 직선거리 30킬로미터 이내에 거주할 것.

(2) 법인세법을 적용받는 영농

① 상속개시일 2년 전부터 계속하여 해당 기업을 경영할 것.

② 법인의 최대주주 등으로서 본인과 그 특수관계인의 주식 등을 합하여 해당 법인의 발행주식총수 등의 100분의 50 이상을 계속하여 보유할 것.

2) 상속인이 다음 요건 중 하나를 충족하는 경우

- 상속인이 상속개시일 현재 18세 이상으로 아래 요건을 충족하는 경우.

  (1) (소득세법을 적용받는 영농) 상속개시일 2년 전부터 계속하여 직접 영농에 종사하고 농지 등이 소재하는 시·군·구(자치구를 말함), 그와

연접한 시·군·자치구 또는 해당 농지 등으로부터 직선거리 30킬로
미터 이내에 거주할 것.
(2) (법인세법을 적용받는 영농) 상속개시일 2년 전부터 계속하여 해당 기
업에 종사하고, 상속세 신고기한까지 임원으로 취임하고 상속세 신
고기한부터 2년 이내에 대표이사 등으로 취임할 것.

- **기획재정부령으로 정하는 영농·영어 및 임업후계자인 경우**

14. 배우자 상속공제(상속세및증여세법제19조)

....

**1) 거주자의 사망으로 상속이 개시되어 배우자가 실제 상속받은 금액의 경우
다음 각호의 금액 중 작은 금액을 한도로 상속세 과세가액에서 공제한다.**

> (1) 다음 계산식에 따라 계산한 한도금액
> 한도금액 = (A − B + C) × D − E
> A : 상속재산의 가액
> B : 상속재산 중 상속인이 아닌 수유자가 유증 등을 받은 재산의 가액
> C : 상속개시일 전 10년 이내에 피상속인이 상속인에게 증여한 재산가액
> D : 배우자의 법정상속분
> E : 상속재산에 가산한 증여재산 중 배우자가 사전증여받은 재산에 대한 증여세 과
> 　　세표준
> (2) 30억 원

2) 배우자 상속공제는 상속세 과세표준신고기한의 다음 날부터 9개월이 되는 날까지 배우자의 상속재산을 분할(등기·등록·명의개서 등이 필요한 경우에는 그 등기·등록·명의개서 등이 된 것에 한정한다.)한 경우에 적용한다.

이 경우 상속인은 상속재산의 분할 사실을 배우자 상속재산 분할 신고기한까지 납세지 관할세무서장에게 신고하여야 한다.

다만, 상속인 등이 상속재산에 대하여 부득이한 사유로 배우자의 상속재산을 분할할 수 없는 경우로 배우자 상속재산 분할 신고기한(부득이한 사유가 소의 제기나 심판청구로 인한 경우에는 소송 또는 심판청구가 종료된 날)의 다음 날부터 9개월이 되는 날까지 상속재산을 분할하여 신고하는 경우에는 배우자 상속재산 분할 기한 이내에 분할한 것으로 본다.

이 경우 상속인은 그 부득이한 사유를 배우자 상속재산 분할기한까지 납세지 관할 세무서장에게 신고하여야 한다.

- 배우자상속분은 직계비속과 공동으로 상속하는 경우 : 직계비속의 상속분에 50%를 가산.
- 직계존속과 공동으로 상속하는 경우 : 직계존속의 상속분에 50%를 가산.

3) 배우자가 실제 상속받은 금액이 없거나 상속받은 금액이 5억 원 미만이면 5억 원을 공제한다.

4) 배우자 명의로 받는 상속가액에 따라 배우자 상속공제액도 변하게 된다.
상속인들 간의 사전 협의에 따라 상속재산을 배분하는 것이 상속세 절세에 도움이 된다.

ⓔ 상속재산 20억 원 상속인 2명 (배우자, 자녀 1명)

	배우자가 전액 상속	자녀가 전액 상속	법정상속분 상속
상속세	50,000,000원	240,000,000원	50,000,000원
배우자 상속가액	2,000,000,000원	0	1,200,000,000원
배우자 사망시 자녀의 상속세	440,000,000원	0	240,000,000원
총 부담 상속세	490,000,000원	240,000,000원	290,000,000원
	피상속인 → 배우자	피상속인 → 자녀	피상속인 → 배우자 3/5, 자녀 2/5 후에 배우자 → 자녀

절세를 위해서는 자녀가 전부 상속을 받는 것이 유리하고, 절세를 위한다고 하여도 홀로 남은 피상속인의 배우자가 전혀 상속을 안받는 것도 한국적인 효(孝) 사상과는 맞지 않으니 고민을 많이 해야 할 문제로 보인다.

15. 금융재산공제

....

거주자의 사망으로 인하여 상속이 개시된 경우 상속개시일 현재 상속재산가액 중 금융재산의 가액이 포함되어 있는 때에는 그 금융재산가액에서 금융채무를 차감한 가액(이하 '순금융재산의 가액')을 공제한다.

금융재산공제 금액은 다음과 같다.

순금융재산가액	금융재산상속공제
2,000만 원 이하	해당 순금융재산가액 전액
2,000만 원 초과 ~ 1억 원 이하	2,000만 원
1억 원 초과 ~ 10억 원 이하	해당 순금융재산가액 20%
10억 원 초과	2억 원

금융재산공제 - 순금융재산가액, 금융재산상속공제 포함.

공제대상이 되는 금융재산가액은 「금융 실명거래 및 비밀 보장에 관한 법률」 제2조 제1호에 규정된 금융기관이 취급하는 예금·적금·부금·주식 등이며 최대주주 또는 최대출자자가 보유하고 있는 주식 또는 출자지분은 포함되지 않는다.
상속세 신고기한 내 신고하지 아니한 타인명의 금융재산은 포함되지 않는다.

16. 동거주택 상속공제

....

다음의 요건을 모두 갖춘 경우에는 동거주택 상속공제액(6억 원 한도)을 상속세 과세가액에서 공제한다.

① 피상속인이 거주자일 것.
② 피상속인과 상속인(직계비속)이 상속개시일부터 소급하여 10년 이상 계속하여 동거할 것.
③ 피상속인과 상속인이 상속개시일부터 소급하여 10년 이상 1세대를 구성하면서 1주택을 소유할 것.
④ 상속개시일 현재 무주택자로서 피상속인과 동거한 상속인(직계비속)이 상속받은 주택일 것.

1] 동거주택 인정의 범위

1세대가 다음 각 호의 어느 하나에 해당하여 2주택 이상을 소유한 경우에도 1세대가 1주택을 소유한 것으로 본다.

(1) 피상속인이 다른 주택을 취득(자기가 건설하여 취득한 경우를 포함한다)하여 일시적으로 2주택을 소유한 경우. 다만, 다른 주택을 취득한 날부터 2년 이내에 종전의 주택을 양도하고 이사하는 경우만 해당한다.

(2) 상속인이 상속개시일 이전에 1주택을 소유한 자와 혼인한 경우. 다만, 혼인한 날부터 5년 이내에 상속인의 배우자가 소유한 주택을 양도한 경우만 해당한다.

(3) 피상속인이 「문화재보호법」 제53조제1항에 따른 국가등록문화재에 해당하는 주택을 소유한 경우.

(4) 피상속인이 「소득세법 시행령」 제155조제7항제2호에 따른 이농주택을 소유한 경우.

(5) 피상속인이 「소득세법 시행령」 제155조제7항제3호에 따른 귀농주택을 소유한 경우.

(6) 1주택을 보유하고 1세대를 구성하는 자가 상속개시일 이전에 60세 이상의 직계존속을 동거봉양하기 위하여 세대를 합쳐 일시적으로 1세대가 2주택을 보유한 경우. 다만, 세대를 합친 날부터 5년 이내에 피상속인 외의 자가 보유한 주택을 양도한 경우만 해당한다.

(7) 피상속인이 상속개시일 이전에 1주택을 소유한 자와 혼인함으로써 일시적으로 1세대가 2주택을 보유한 경우. 다만, 혼인한 날부터 5년 이내에 피상속인의 배우자가 소유한 주택을 양도한 경우만 해당한다.

(8) 피상속인 또는 상속인이 피상속인의 사망 전에 발생된 제3자로부터의 상속으로 인하여 여러 사람이 공동으로 소유하는 주택을 소유한 경우. 다만, 피상속인 또는 상속인이 해당 주택의 공동소유자 중 가장 큰 상속지분을 소유한 경우(상속지분이 가장 큰 공동 소유자가 2명 이상인 경우에는 그 2명 이상의 사람 중 다음 각 목의 순서에 따라 해당 각 목에 해당하는 사람이 가장 큰 상속지분을 소유한 것으로 본다)는 제외한다.
① 해당 주택에 거주하는 자
② 최연장자

17. 세율

....

1) 상속세 산출세액은 과세표준에 세율을 곱하여 계산하는 것이며, 세율은 최저 10%부터 최고 50%까지의 5단계 초과누진세율 구조로 되어 있습니다.

과세표준	세율	누진공제
1억 원 이하	10%	–
1억 원 초과 ~ 5억 원 이하	20%	1천만 원
5억 원 초과 ~ 10억 원 이하	30%	6천만 원
1억 원 초과 ~ 30억 원 이하	40%	1억 6천만 원
30억 원 초과	50%	4억 6천만 원

계산 예) 과세표준이 5억인 경우 : 5억×20%-10,000,000 = 90,000,000원(상속세)

2) 세대생략 할증세액

상속인이 피상속인의 자녀가 아닌 직계비속인 경우에는 상속세를 할증하여 계산한다.

세대생략 할증세액 계산은 다음과 같다.

① 미성년자로 증여재산가액이 20억 원을 초과하는 경우

$$상속세\ 산출세액 \times \frac{피상속인의\ 자녀를\ 제외한\ 직계비속이\ 받은\ 상속재산가액}{총상속재산가액(상속인이나\ 수유자가\ 증여받은\ 재산가액을\ 포함)} \times 40\%$$

② '①' 외의 경우

$$상속세\ 산출세액 \times \frac{피상속인의\ 자녀를\ 제외한\ 직계비속이\ 받은\ 상속재산가액}{총상속재산가액(상속인이나\ 수유자가\ 증여받은\ 재산가액을\ 포함)} \times 30\%$$

다만, 상속개시 전에 상속인이 사망하거나 결격자가 되어 그의 직계비속이 대신하여 상속받는 대습상속인 경우에는 세대생략 할증과세를 적용하지 않는다.

예를 들어, 할아버지가 사망하여 아버지가 상속을 받아야 하는데, 아버지가 할아버지보다 먼저 사망하여 상속받을 수 없어서 손자가 상속받는다면 세대생략 할증과세를 적용하지 않는다.

18. 세액공제

....

1) 증여세액공제

- 상속세 과세가액에 가산한 증여재산에 대한 증여세액(증여 당시 증여세 산출세액)은 상속세 산출세액에서 공제된다.
- 증여세액공제의 한도액 계산은 다음과 같다.

(1) 수증자가 상속인 또는 수유자인 경우

$$\text{상속인 등 각자가 납부할 상속세 산출 세액} \times \frac{\text{상속인 등 각자의 증여재산에 대한 증여세 과세표준}}{\text{상속인 등 각자가 받았거나 받을 상속재산(증여재산 포함)에 대한 상속세 과세표준상당액}}$$

(2) 수증자가 상속인 및 수유자가 아닌 경우

2) 단기재상속에 대한 세액공제

- 상속개시 후 10년 이내에 상속인 또는 수유자의 사망으로 상속세가 부과된 상속재산이 재상속되는 경우에는 이전의 상속세가 보과된 상속재산 중 재상속분에 대한 이전의 상속세 상당액을 상속세 산출세액에서 공제한다.

$$\text{상속세 산출세액} \times \frac{\text{가산한 증여재산에 대한 증여세 과세표준}}{\text{상속세 과세표준}}$$

- 단기재상속 공제세액 계산은 다음과 같다.

$$\text{전(前)의 상속세 산출세액} \times \frac{\left\{ \text{재상속분의 재산가액} \times \dfrac{\text{전(前)의 상속세 과세가액}}{\text{전(前)의 상속재산가액}} \right\}}{\text{전(前)의 상속세 과세가액}} \times \text{공제율}$$

- 단기재상속 공제세액 계산시 적용하는 공제율은 아래와 같다.

재상속 기간	1년 내	2년 내	3년 내	4년 내	5년 내	6년 내	7년 내	8년 내	9년 내	10년 내
공제율 (%)	100	90	80	70	60	50	40	30	20	10

3) 신고세액 공제

상속세 과세표준을 신고기한까지 신고한 경우에는 적법하게 신고된 산출세액(세대생략 할증세액 포함)에서 공제세액 등을 차감한 금액에 신고세액공제율을 곱하여 계산한 금액을 공제한다.

신고세액공제율 : 19년 이후 증여분 3%, 18년도 증여분 5%

19. 가산세와 제척기간

....

1) 가산세

종류	부과사유	가산세액
무신고 및 과소신고	일반 무신고	일반 무신고납부세액×20%
	부정 무신고	부정 무신고납부세액×40%
	일반 과소신고	일반 과소신고납부세액×10%
	부정 과소신고	부정 과소신고납부세액×40%
	과소신고 가산세 제외	1) 신고 당시 소유권에 대한 소송 등의 사유로 상속(증여)재산 미확정 2) 상속(증여)공제 적용*의 착오 * 상속세 및 증여세법 제18조-제23조, 제23조의2, 제24조, 제53조, 제54조 3) 상소(증여)재산 평가가액의 차이

2) 상속세와 증여세 국세부과제척기간

(1) 상속세 증여세 무신고, 누락신고 부과제척기간 : 15년

(2) 납세자가 사기나 그 밖의 부정한 행위로 상속세 증여세를 포탈한 경우로서 상속재산가액이 50억 원 이상인 경우 해당 재산의 상속 또는 증여가 있음을 안 날로부터 1년 이내에 상속세 및 증여세를 부과할 수 있다.

20. 상속재산의 평가방법

....

상속재산의 평가는 상속개시일(사망일 또는 실종선고일) 현재의 시가로 평가한다.

다만, 시가를 산정하기 어려운 경우에는 당해 재산의 종류·규모·거래상황 등을 감안하여 규정된 방법(이하 '보충적 평가방법')에 따라 평가한 가액을 시가로 본다.

1) 상속재산의 시가

- 매매 사실이 있는 경우 그 거래가액.
- 2 이상의 공신력 있는 감정기관이 평가한 감정가액이 있는 경우 : 그 감정가액의 평균액.

  단, 기준시가 10억 이하인 경우에는 1 이상의 감정기관의 감정가액도 가능함.
- 수용·경매 또는 공매 사실이 있는 경우 : 그 보상가액·경매가액 또는 공매가액.
- 상속개시일 전 6개월부터 평가기간 내 상속세 신고일까지의 기간 중에

상속재산과 면적·위치·종목 및 기준시가가 동일하거나 유사한 다른
재산에 대한 매매가액·감정가액의 평균액 등이 있는 경우 : 당해가액
- 평가기간에 해당하지 아니하는 기간으로서 상속개시일 전 2년 이내의
  기간과 평가기간이 경과한 후부터 상속세 법정신고기한 후 9개월까지
  의 기간 중에 상속재산과 면적·위치·용도·종목 및 기준시가가 동일하
  거나 유사한 다른 재산의 매매 등 가액이 있는 경우시가로 포함할 수
  있다.

2) 부동산에 대한 보충적 평가는?

부동산에 대한 보충적 평가는 다음 부동산 유형에 따라 평가한다.

부동산 유형	평가방식
토지	개별공시지가로 평가
주택	개별주택가격 및 공동주택가격으로 평가
일반건물	국세청 건물 기준시가 계산방법
오피스텔 및 상업용 건물	국세청장이 지정하여 고시한 가액

3) 유가증권에 대한 평가는?

유가증권에 대한 시가 평가는 다음 주식 유형에 따라 평가한다.

주식유형	평가방식
상장주식 또는 코스닥 상장주식	상속개시일 이전·이후 각 2월 간에 공표된 매일의 최종시세가액의 평균액으로 평가
비상주식	상속개시일 전후 6월 이내에 불특정다수인 사이의 객관적 교환가치를 반영한 거래가액 또는 경매·공매가액이 확인된 경우 이를 시가로 보아 평가한다.

4） 저당권 등이 설정된 재산의 평가는?

저당권 등*이 설정된 재산의 평가는 시가 또는 보충적 평가방법에 따라 평가한 가액과 다음의 규정에 의한 평가액 중 큰 금액을 평가가액으로 한다.

* 저당권 또는 질권이 실정된 재산, 양도담보재산, 전세권이 등기된 재산(임대보증금을 받고 임대한 재산을 포함)

‒ 저당권(공동저당권 및 근저당권을 제외함)이 설정된 재산의 가액은 당해 재산이 담보하는 채권액

‒ 공동저당권이 설정된 재산의 가액은 당해 재산이 담보하는 채권액을 공동저당된 재산의 평가기준일 현재의 가액으로 안분하여 계산한 가액

‒ 근저당권이 설정된 재산의 가액은 평가기준일 현재 당해 재산이 담보하는 채권액

‒ 질권이 설정된 재산 및 양도담보재산의 가액은 당해 재산이 담보하는 채권액

‒ 전세권이 등기된 재산의 가액은 등기된 전세금(임대보증금을 받고 임대한 경우에는 임대보증금)

5） 국세청 홈택스를 통한 평가

(1) 상속·증여재산 스스로 평가하기

납세자가 상속·증여받은 재산에 관한 유사재산 매매사례가액이나 보충적 평가액을 쉽게 확인할 수 있도록 재산평가에 필요한 정보를 제공한다.

재산평가정보조회	전자신고·납부	유용한 세금정보
• 공동주택·오피스텔 : 매매사례가액 • 일반부동산 : 보충적 평가액 • 상장주식 : 전후 2개월 평균액	• 증여재산 평가와 신고가 동시에 가능 • 합산대상 증여세 결정정보 조회	• 법령정보 등 • 인터넷 상담 • 부동산 공시가격 알리미

(2) 상속·증여재산 평가정보 조회서비스에서 토지, 공동주택, 개별주택, 일반건물, 상업용건물, 오피스텔, 상장주식에 대한 상속 및 증여재산의 평가에 관한 정보를 제공하고 있다.

* 홈택스 〉 조회/발급 〉 세금신고납부 〉 상속증여재산 평가하기

> **제공정보**
> • 전국의 공동주택과 수도권(서울·경기·인천), 5대 지방광역시(부산·대구·광주·대전·울산) 및 세종특별자치시(*19년 고시부터) 소재 오피스텔의 유사재산 매매사례가액
>   * 매매계약일부터 D/B수록일까지 일정시간이 소요됨에 따라 조회일 전 약 2개월 이내 유사재산 매매사례가액은 제공되지 않음.
> • 토지·개별주택·일반건물의 기준시가 등 보충적 평가액
> • 상장주식의 평가기준일 이전 이후 2개월 증가평균액

21. 상속세 납부와 상속재산의 확인

·······

1) 상속세 납부방식

상속세는 일시에 납부하는 것이 원칙이나 일시납부에 따른 과중한 세부담을 분산시켜 상속재산을 보호하고 납세의무의 이행을 쉽게 이행하기 위하여, 일정요건이 성립되는 경우에 분할하여 납부할 수 있습니다. 이 경우 2회에 나누어 내는 것을 분납, 장기간에 나누어 내는 것을 연부연납이라고 한다.

2) 상속세 분납

납부할 세액이 1천만 원을 초과하는 때에는 신고납부기한이 지난 뒤 2개

월 이내에 그 세액을 아래와 같이 분할하여 납부할 수 있다.
- 납부할 세액이 2천만 원 이하일 때 : 1천만 원을 초과하는 금액
- 납부할 세액이 2천만 원 초과할 때 : 그 세액의 50% 이하의 금액

3) 상속세 연부연납

(1) 상속세 신고시 납부해야 할 세액이나 납세고지서 상의 납부세액이 2천만 원을 초과하는 때에는 아래 요건을 모두 충족하는 경우에 피상속인의 주소지를 관할하는 세무서장으로부터 연부연납을 허가받아 일정기간 동안 분할하여 납부할 수 있다.

(2) 연부연납 신청요건

연부연납을 허가받은 경우에는 상속세 분납이 허용되지 않는다.
연부연납기간은 상속인이 신청한 기간으로 하되, 아래 기간 내에 가능하다.

연부연납 신청요건

① 상속세 납부세액이 **2천만 원 초과**
② 연부연납을 신청한 세액에 상당하는 *납부담보 제공
  * 납세보증보험증권 등 납세담보가 확실한 경우에는 신청일에 세무서장의 허가 받은 것으로 간주합니다.
③ 상속세 연부연납 신청기한 내 *연부연납허가신청서 제출
  * (신고시) 법정신고기한까지 (고지시) 고지서의 납부기한까지.

---

(3) 연부연납 납부

첫회에 6분의 1을 납부하고 5년간 나머지 5회를 나눠 낼 수 있다.
연부연납할 때는 상속세액에 더해 이자 성격의 연 1.2%의 가산금을 납부하여야 한다.

(4) 연부연납 기간

상속재산 구분		연부연납 기간
가업상속재산 외의 상속재산		허가받은 날부터 5년
가업상속재산	상속재산* 중 가업상속재산 비율이 50% 미만	허가일부터 10년 또는 연부연납 허가 후 3년이 되는 날부터 7년
	상속재산* 중 가업상속재산 비율이 50% 이상	허가일부터 20년 또는 연부연납 허가 후 5년이 되는 날부터 15년

* 사용인이 아닌 자에게 유증한 재산 제외.

4) 물납

상속세는 현금으로 납부하는 것을 원칙으로 하나, 현금으로 납부하기 곤란한 경우에는 일정요건을 모두 갖추어 피상속인의 주소지를 관할하는 세무서장의 승인을 받으면 상속받은 재산으로 납부(물납)할 수 있다.

물납의 요건

① 사전증여재산을 포함한 상속재산 중 부동산과 유가증권의 가액(비상장주식 등 제외)이 2분의 1 초과

② 상속세 납부세액이 2천만 원 초과

③ 상속세 납부세액이 상속재산가액 중 금융재산 가액 초과

④ 상속세 물납 신청기한 내 *물납신청서 제출

　* (신고시) 법정신고기한까지 (고지시) 고지서의 납부기한까지.

물납을 신청할 수 있는 납부세액은 다음의 금액 중 적은 금액을 초과할 수 없다.

• 물납에 충당할 수 있는 부동산 및 유가증권의 가액에 대한 상속세 납부세액.

• 상속세 납부세액에서 금융재산(금융재무 차감)과 거래소에 상장된 유가증권(법령에 따라 처분 제한된 것은 제외)의 가액을 차감한 금액.

거래소에 상장되어 있지 아니한 법인의 주식 등(비상장주식 등)으로 물납할 수 있는 납부세액은 상속세 납부세액에서 상속세 과세가액(비상장주식 등과 상속개시일 현재 상속인이 거주하는 주택 및 그 부수토지의 가액을 차감)을 차감한 금액을 초과할 수 없다.

연부연납 분납세액에 대해서도 첫 회분 분납세액(중소기업자는 5회분 분납세액)에 한해서만 물납을 할 수 있다.

5) 안심상속 원스톱서비스(사망자 등 재산조회 통합처리 신청)

행정안전부에서는 상속인이 피상속인의 금융거래, 토지, 자동차, 세금 등의 재산 확인을 위해 개별기관을 일일이 방문하지 않고, 한 번의 통합신청으로 문자·온라인·우편 등으로 결과를 확인하는 서비스인 안심상속 원스톱서비스(사망자 등 재산조회 통합처리 신청)를 시행하고 있다.

안심상속 원스톱서비스를 통해 제공받을 수 있는 정보

구분	제공정보
금융거래	• 피상속인 명의의 모든 금융채권과 채무
연금	• (국민연금) 가입 및 대여금 채무 유무 • (공무원 연금) 가입 및 대여금 채무 유무 • (사립학교 교직원연금) 가입 및 대여금 채무 유무 • (군인연금) 가입 유무 • (건설근로자퇴직연금) 가입 유무
국세	• 국세 체납액 및 납부기한이 남아 있는 미납세금, 국세 환급금
지방세	• 지방세 체납내역 및 납부기한이 남아 있는 미납세금, 지방세 환급금
토지	• 개인별 토지 소유현황
건축물	• 개인별 건축물 소유현황
자동차	• 자동차 소유내역

IV

증여세

① 증여세

증여란 그 행위 또는 거래의 명칭·형식·목적 등과 관계없이 직접 또는 간접적인 방법으로 타인에게 무상으로 유형·무형의 재산 또는 이익을 이전(移轉, 현저히 낮은 대가를 받고 이전하는 경우를 포함한다)하거나 타인의 재산가치를 증가시키는 것을 말한다. 다만, 유증, 사인증여, 유언대용신탁 및 수익자연속신탁은 제외한다.

1. 증여세 과세대상

....

1) 무상으로 이전 받은 재산 또는 이익

(1) 재산 또는 이익을 현저히 낮은 대가를 주고 이전받거나 현저히 높은 대가를 받고 이전한 경우의 시가와 대가의 차액

다만 시가와 대가의 차액이 3억 원 이상이거나 시가의 100분의 30 이상인 경우로 한정한다.

(2) 보험금의 증여

생명보험이나 손해보험에서 보험사고가 발생한 경우.

- 보험금 수령인의 보험료 납부자가 다른 경우, 보험금 수령인이 아닌 자가 납부한 보험료 납부액에 대한 보험금.
- **보험계약 기간에 보험금 수령인이 재산을 증여받아 보험료를 납부한 경우** : 증여받은 재산으로 납부한 보험료 납부액에 대한 보험금 상당액에서 증여받은 재산으로 납부한 보험료 납부액을 뺀 가액.

(3) 부동산 무상사용에 따른 이익의 증여

① 타인의 부동산을 무상으로 사용함에 따라 이익을 얻은 경우에는 그 무상사용을 개시한 날을 증여일로 하여 그 이익에 상당하는 금액을 부동산 무상 사용자의 증여재산가액으로 한다. 다만 그 이익에 상당하는 금액이 1억 원 미만인 경우에는 제외한다.

② 타인의 부동산을 무상으로 담보로 이용하여 금전 등을 차입함에 따라 이익을 얻은 경우에는 그 부동산담보이용을 개시한 날을 증여일로 하여 그 이익에 상당하는 금액을 부동산을 담보로 이용한 자의 증여재산가액으로 한다. 다만 이익에 상당하는 금액이 1천만 원 미만인 경우에는 제외한다.

(4) 금전 무상대출 등에 따른 이익의 증여

타인으로부터 금전을 무상으로 또는 적정 이자율보다 낮은 이자율로 대출받은 경우에는 그 금전을 대출받은 날에 금전을 대출받은 자의 증여재산가액으로 한다. 다만, 기준금액 미만인 경우는 제외한다.

- **무상으로 대출받은 경우** : 대출금액에 적정 이자율을 곱하여 계산한 금액.
- **적정 이자율보다 낮은 이자율로 대출받은 경우** : 대출금액에 적정 이자율을 곱하여 계산한 금액에서 실제 지급한 이자 상당액을 뺀 금액.

2. 세액계산 흐름도

....

증여재산가액	국내외 소재 모든 재산, 증여일 현재 시가로 평가

⊖

비과세	사회통념상 인정되는 피부양자의 생활비, 교육비 등

⊖

채무액	증여재산에 담보된 채무인수액(임대보증금, 금융기관 채무 등)

⊕

증여재산가산액	해당 증여일 전 동일인으로부터 10년 이내에 증여받은 재산의 과세가액 합계액이 1천만 원 이상인 경우

⊖

증여세 과세가액	

⊖

증여공제	10년 단위 배우자 6억 원, 직계존비속 5천만 원(미성년자 2천만 원, 친족(6촌 이내 혈족, 4촌 이내 인척) 1천만 원

⊗

세율	10~50%

⊖

증여세산출세액	

3. 증여재산

1) 증여재산이란 증여로 인하여 수증자에게 귀속되는 모든 재산 또는 이익을 말하며, 다음 각 목의 물건, 권리 및 이익을 포함한다.

가. 금전으로 환산할 수 있는 경제적 가치가 있는 모든 물건.

나. 재산적 가치가 있는 법률상 또는 사실상의 모든 권리.

다. 금전으로 환산할 수 있는 모든 경제적 이익.

2) 증여재산가액 계산

(1) 재산 또는 이익을 무상으로 이전받은 경우 : 증여재산의 시가 상당액

(2) 재산 또는 이익을 현저히 낮은 대가를 주고 이전받거나 현저히 높은 대가를 받고 이전한 경우 : 시가와 대가의 차액.

다만 시가와 대가의 차액이 3억 원 이상이거나 시가의 100분의 30 이상인 경우로 한정한다.

(3) 재산 취득 후 해당 재산의 가치가 증가하는 경우 : 증가 사유가 발생하기 전과 후의 재산의 시가의 차액으로서 재산가치 상승금액. 다만 그 재산가치 상승금액이 3억 원 이상이거나 해당 재산의 취득가액 등을 고려하여 100분의 30 이상인 경우로 한정한다.

재산가치 상승금액 = (재산가치 증가사유가 발생한 날 현재의 가액) – 해당재산의 취득가액 – 통상적인 가치상승분 – 가치상승기여분.

3) 증여받은 재산 반환하는 경우 과세

증여받은 재산의 당초 증여자에게 반환하는 시기에 따라 증여세 과세방법이 달라진다. 다만, 금전의 경우에는 그 시기에 관계없이 당초 증여·반환

에 대해 모두 증여세를 과세한다.

반환시기	증여세 과세 방법
신고기한 이내 반환	당초 증여 및 반환 모두 과세 안 함
신고기한 경과 후 3월 이내 반환	당초 증여 과세, 반환은 과세 안 함
신고기한 경과 후 3월 경과 반환	당초 증여 및 반환 모두 과세

증여세 과세대상 재산이 취득원인 무효의 판결에 의해 그 재산상의 권리가 말소되는 경우에는 증여세를 과세하지 아니하며 과세된 증여세는 취소한다. 다만, 형식적인 재판절차만 경유한 사실이 확인되는 경우에는 그러하지 아니한다.

피상속인의 증여로 인하여 재산을 증여받은 자가 민법의 규정에 유류분 권리자에게 반환한 경우 반환한 재산의 가액은 당초부터 증여가 없었던 것으로 본다.

증여자가 연대납부의무자로서 납부하는 증여세액은 수증자에 대한 증여로 보지 아니하는 것이나, 연대납세의무자에 해당하지 아니하는 경우 수증자를 대신하여 납부한 증여세액은 증여가액에 포함하여 증여세를 부과한다.

4. 비과세되는 증여재산

....

1) 사회통념상 인정되는 이재구호금품, 치료비

2) 피부양자의 생활비, 교육비 등
피부양자의 요건이 중요하다.

예를 들어 부모의 경제력이 있음에도 유학 경비를 할아버지가 부담한다면 증여세 부과대상이다.

생활비나 교육비는 부양의 의무가 있는 사람이 하여야 한다.

부모의 능력이 됨에도 조부모가 손자의 생활비나 교육비를 대는 것은 증여세 부과 대상이 된다. 생활비 명목으로 받은 재산이라 할지라도, 그 돈을 받아 예금·적금에 넣거나 주식·토지·주택 등의 매입자금 등으로 사용하는 경우에는 비과세 대상에서 제외된다.

조부모가 부동산을 팔아 손자를 유학보내면 증여세 과세 가능하다.

⑩ 부모가 부동산을 팔아 자식을 유학보내면 비과세이다.

3) 기념품 축하금 부의금 기타 이와 유사한 금품으로서 통상 필요하다고 인정되는 금품은 비과세이다.

기준이 정해지지 않으나 혼주의 하객인지, 결혼 당사자의 하객인지 구분하여야 하며, 추후 부동산 등을 취득하여 자금출처조사대상이 된다면 문제 발생 가능성이 있다.

4) 혼수용품으로서 통상 필요하다고 인정되는 금품은 비과세이이다.

부동산이나 승용차, 사치용품은 증여세 과세 대상이 된다.

5) 애매한 규정이다. 증여세 과세대상인지 비과세인지 명확한 금액 기준은 없다. 부모가 준 생활비나 교육비를 모두 사용하면 문제가 없지만 그돈을 아껴서 부동산을 취득하면 증여세 과세가 될 수 있다.

유학을 가서 교육비로 수억 원을 쓰면 증여세 부과대상이 아니지만 어쩌다 작은 빌라를 하나 사주게 되면 증여세 부과대상이 되는 것이 현실이다.

5. 증여세 과세가액

1) 증여재산가액을 합친 금액에서 그 증여재산에서 그 증여재산에 담보된 채무로서 수증자가 인수한 금액을 뺀 금액으로 한다.

2) 해당 증여일 전 10년 이내에 동일인으로부터 받은 증여재산가액을 합친 금액이 1천만 원 이상인 경우에는 그 가액을 증여세 과세가액에 가산한다.

3) 협의분할상속재산(상속세및증여세법 제4조3항)

각 상속인의 상속분이 확정된 뒤, 그 상속재산에 대하여 공동상속인이 협의하여 분할한 결과 특정 상속인이 당초 상속분을 초과하여 취득하게 되는 자산은 그 분할에 의하여 상속분이 감소한 상속인으로부터 증여받은 것으로 보아 증여세를 부과한다.

다만 상속세 과세표준 신고기한까지 분할에 의하여 당초 상속분을 초과하여 취득할 경우에는 증여세를 부과하지 아니한다.

㉔ 피상속인 : 아버지

　　상속재산 : 아파트(시가 10억 원)

상속인 : 아들, 딸(배우자 없음)

사망일 : 2021.05.10.

상속세 과세표준신고기한 : 2021.11.30.

(1) 2021.10. 31. 딸 명의로 아파트를 상속 등기

상속세 과세표준신고기한 내에 상속등기를 하였으므로 증여문제 발생 안됨.

(2) 2021.12.10. 딸 명의로 아파트를 상속 등기

상속세 과세표준신고기한이 지난 후에 상속등기를 하였으므로 아들의 법정상속지분인 아파트의 1/2을 아들이 딸에게 증여한 것으로 보아 증여세 과세됨.

6. 채무액(부담부증여)

········

증여재산가액에서 공제할 수 있는 채무란 해당 증여재산에 담보된 증여자의 채무(증여재산 관련 임대보증금 포함)로서 수증자가 인수한 채무를 말한다. 증여자가 부담하고 있는 채무를 수증자가 인수한 것으로 확인되는 경우에는 그 채무액을 차감하여 증여세 과세가액을 계산하고, 해당 채무는 소득세법 규정에 의한 유상양도에 해당하므로 증여자는 양도소득세 납세의무가 있다.

증여세 과세가액 = 증여재산 − 증여재산에 담보된 채무로서 수증자가 인수한 금액을 뺀 금액(금융기관 채무, 임대보증금 등).

※ 부담부증여에 대해서는 양도소득세편 참조

7. 증여재산가산액

. . . .

해당 증여일 전 10년 이내에 동일인으로부터 받은 증여재산가액의 합계액이 1천만 원 이상인 경우에는 그 가액을 증여세 과세가액에 합산하여 신고해야 한다. 이 경우 동일인에는 증여자가 직계존속인 경우에는 그 직계존속의 배우자를 포함한다.

예시 | 성년 자녀 A가 2021년 2월 1일에 부(父)로부터 현금 1억 원을 증여받는 경우로 해당 증여일 전 증여받은 현황은 다음과 같을 때에 증여재산가산액은?

(기 증여현황)

2020년 2월 1일, 부(父)로부터 현금 1천만 원 증여받음.

2020년 5월 1일, 조부(祖父)로부터 현금 1억 원 증여받음.

2020년 7월 1일, 모(母)로부터 현금 5천만 원 증여받음.

⇒ 증여재산가산액은 부(父)와 모(母)로부터 증여받은 현금 합계약 6천만 원임.

* 증여받은 증여세 과세가액이 1천만 원 이상일 때에 합산.

다만, 합산배제 증여재산, 비과세되는 증여재산, 공익목적 출연재산 등의 과세가액 불산입 재산, 영농자녀가 증여받는 농지 등, 증여세 특례세율 적용 증여재산(창업자금, 가업승계 주식 등) 등은 다른 증여재산과 합산하여 과세하지 않는다.

8. 증여재산공제 등

....

1) 거주자인 수증자가 배우자, 직계존속, 직계비속, 기타 6촌 이내의 혈족 및 4촌 이내의 인척으로부터 증여받은 경우에는 다음 금액을 증여세 과세가액에서 공제한다.

이 경우 해당 증여 전 10년 이내에 공제받은 금액과 해당 증여가액에서 공제받을 금액의 합계액이 다음에 규정하는 금액을 초과하는 경우에는 그 초과하는 부분은 공제하지 아니한다.

증여자와의 관계	증여재산공제 한도액(10년간 합산하여 공제할 수 있는 금액)
배우자	6억 원
직계존속(계부, 계모 포함)	5천만 원(미성년자가 직계존속으로 증여받은 경우 2천만 원)
직계비속	5천만 원
기타 친족(6촌 이내의 혈족 및 4촌 이내의 인척)	1천만 원
그 외의 자	0원

- 배우자 : 민법상 혼인으로 인정되는 혼인관계에 있는 자.
- 직계존속 : 수증자의 직계존속과 혼인 중인 배우자 포함.
- 직계비속 : 수증자와 혼인 중인 배우자의 직계비속 포함.
- 계부 계모와 자식간의 증여시에도 직계존비속으로 보아 기타 친족이 아닌 직계 존비속 공제액 적용.

2) 직계존속 증여공제

직계존속은 조부모, 외조부모, 부모를 말한다.

주의할 부분은 아버지와 어머니로부터 각각 5천만 원씩 합해서 1억 원을 증여받았다면 증여공제액은 직계존속 공제액 5천만 원이 공제되고, 남은 5천만 원에 대해서는 증여세를 납부하여야 한다.

즉 성년의 경우 10년간 직계존속 모두로부터의 증여액을 합하여 5천만 원을 공제하고 나머지 금액은 증여세를 납부한다는 것이다.

3) 장인, 장모와 사위, 시부모와 며느리 간의 증여는 기타 친족으로 1천만 원을 공제한다.

증여재산이 조세특례제한법 제30조의5 또는 동법 제30조의6에서 규정하는 창업자금 또는 가업승계용 중소기업주식 등에 해당되는 경우 5억 원을 공제한다. 창업자금과 가업승계 주식 등의 증여세 과세특례는 중복 적용받을 수 없다.

명의신탁재산으로 증여세를 부담하는 경우에는 증여재산공제 등을 적용하지 않는다.

- 2 이상의 증여가 있는 경우, 증여재산공제 방법 2 이상의 증여가 그 증여시기를 달리 하는 경우에는 2 이상의 증여 중 최초의 증여세과세가액에서부터 순차로 공제한다.
- 2 이상의 증여가 동시에 있는 경우에는 각각의 증여세 과세가액에 대하여 안분하여 공제한다.

9. 배우자 증여와 이월과세

....

1) 부부 간의 증여세 공제는 10년간 6억 원이다.

즉 10년간 6억 원은 증여세 없이 증여할 수 있다.

2) 배우자 또는 직계존비속에게 증여받은 재산을 5년 이내에 양도하면 그 취득가액은 증여 당시 평가액이 아니라 당초 증여자의 취득가액으로 한다(5년 후 양도하면 상관없다).

배우자간 주택을 증여하고 이를 다시 5년 내에 양도할 경우 원래 취득자인 남편의 취득가액을 기준으로 양도소득세를 계산하여 부과한다.

3) 사례

(1) 이몽룡과 성춘향이 부부관계일 때

2010년 1월 1일 이몽룡 취득가액 1억 원에 취득.

2015년 1월 1일 현재 거래가액 6억 원.

2015년 1월 1일 이몽룡이 배우자 성춘향에게 증여하고 증여세 신고.

증여가액 6억 원, 증여세 0원.

2019년 1월 1일 변학도에게 6억 원에 매매 한 경우.

증여 이후 5년 이내 양도하였으므로 이몽룡이 변학도에게 양도한 것으로 간주하여 양도소득세는 양도가액 6억 원, 당초 이몽룡의 취득가액 1억 원으로 계산하여 납부하여야 한다.

(2) 2010년 1월 1일 이몽룡 취득가액 1억 원에 취득

2015년 1월 1일 현재 거래가액 6억 원.

2015년 1월 1일 이몽룡이 배우자 성춘향에게 증여하고 증여세 신고.

증여가액 6억 원, 증여세 0원.

2021년 1월 1일 변학도에게 6억 원에 매매한 경우.

양도가액 6억 원, 성춘향의 취득가액 6억 원으로 양도
소득세를 계산하여 양도소득세는 과세미달로 납부할 금
액이 없다.

4) 취득한 부동산의 가액이 상승하여 양도소득세가 부담스러울 경우에는 부부
간의 증여 공제액이 6억 원이라는 것을 감안하여 이를 이용하여 매매한다면 양
도소득세를 줄 일 수 있다.

이 경우 배우자에게 증여 당시 취득세 부담은 늘어난다.

10. 가업 승계에 대한 증여세 과세특례[조세특례제한법 제30조의6]

....

가업승계의 목적으로 주식 또는 출자지분을 증여하는 경우.

1) 증여자 요건 : 60세 이상의 부모

부모가 사망한 경우 그 사망한 부모의 아버지나 어머니 포함.

10년 이상 계속하여 경영(증여자가 대표이사일 필요 없으나 임원이어야 함).

10년 이상 계속하여 특수관계자 지분 포함하여 50% 이상(상장법인 30%)
보유.

2) 수증자 요건

- 18세 이상의 거주자(수증자의 배우자 포함).
- 신고기한(3개월) 내 가업종사.
- 증여일 이후 5년 내 대표이사 취임, 7년까지 대표이사 유지.

3) 중소기업 또는 중견기업(가업상속공제 대상 기업)

- 법인만 가능.
- 조세특례제한법상 중소기업(음식업 포함), 매출액 3천억 원 미만 중견기업.

4) 특례 증여 금액 : 증여세 과세가액은 100억 원을 한도로 한다.

- 증여세 : (증여세 과세가액 - 5억 원) × 10%

  (과세표준이 30억 원 초과하는 경우 초과금액에 대해서는 20% 세율)
- 업무무관자산이 차지하는 비율에 대한 금액은 차감한다.

5) 사후관리

- 7년 이내 정당한 사유업이 가업승계 이행 요건을 이행하지 않으면 증여세 및 이자상당액 추징한다.
- 가업에 종사하지 아니하거나 가업을 휴업하거나 폐업하는 경우(증여일로부터 5년 이내에 대표이사에 취임하지 않거나 7년까지 대표이사직을 유지하지 않는 경우를 포함한다.)
- 가업의 주된 업종을 변경하는 경우, 1년 이상 휴업·폐업 금지.
- 증여받은 주식 등의 지분 유지(처분, 실권).
- 정당한 사유 : 수증자 사망으로 수증자의 상속인이 승계, 국가 등에 증여 등.

6) 가업승계 증여세 과세특례와 일반 증여 비교

가업승계 증여세 과세특례	일반 증여
증여세 과세가액에서 5억 원 공제 30억 원 이하 10% 30억 원 초과 20% 세율로 과세(한도 100억 원)	증여공제(성년 자녀 5,000만 원) 상속세·증여세율 10% ~ 50%
– 증여 후 10년이 지나더라도 상속 때 정산 – 신고세액공제 적용 안됨 – 창업자금 증여세 과세특례와 중복 적용 안됨 – 가업상속공제제도와 중복 적용 가능 – 증여세 계산시 합산하지 아니함	– 증여 후 10년이 지나면 상속시 정산에서 제외 – 신고세액공제 3% 적용 – 창업자금증여세 과세특례와 중복 적용 가능 – 증여세 계산시 10년 이내 증여재산 합산

11. 자금출처조사대상(10년간 합산, 상속세및증여세법 제45조)

....

부동산을 취득하게 되면 자동적으로 자금출처 조사대상이 된다. 국세청에서 정한 기준에 의해 대상인지 아닌 지로 구분된다. 자금출처조사는 부동산을 취득하는 모든 사람들을 대상으로 하는 것은 아니다. 아래의 기준 이내이면 자금출처조사를 하지 않는다.

※ 기준 이내의 금액이라도 증여를 받은 사실이 확실하면 증여세가 과세된다.

또한 조사대상이 되는 부동산 취득가액에는 매입가액, 취득세, 등기비 등 제반 비용도 과세대상이 된다.

증여세 과세대상이 되어 증여세가 과세대상이 되었을 때 납부하는 증여세도 증여세 과세가액에 포함된다.

1) 자금출처조사대상 기준

구 분	재산취득자금		채무상환 금액	총액한도
	주택	기타재산		
1. 세대주인 경우				
가. 30세 이상인 자	1.5억 원	5천만 원	5천만 원	2억 원
나. 40세 이상인 자	3억 원	1억 원	5천만 원	4억 원
2. 세대주가 아닌 경우				
가. 30세 이상인 자	7천만 원	5천만 원	5천만 원	1.2억 원
나. 40세 이상인 자	1.5억 원	1억 원	5천만 원	2.5억 원
3. 30세 미만인 자	5천만 원	3천만 원	3천만 원	8천만 원

취득재산의 가액 또는 채무의 상환금액의 20%에 상당하는 금액과 2억 원 중 적은 금액에 미달하는 경우는 증여추정의 적용을 배제한다.

2) 자금출처조사 대상 출처 입증 방법

(1) **근로소득** : 원천징수영수증, 재직증명서, 소득금액증명원.

(2) **이자·배당소득** : 원천징수영수증, 통장 사본.

(3) **채무** : 금융기관 부채증명서, 금융거래 입출금 내역서, 전세계약서, 채무부담확인서.

(4) **사업자** : 사업자등록증, 소득세신고서 사본 등.

(5) **예금통장 사본**

(6) **보유재산처분액** : 부동산 등기부등본, 매매계약서.

3) 재산취득자금 등의 증여추정 배제기준(상속세및증여세법 제38조)

(1) 재산취득일 전 또는 채무상환일 전 10년 이내에 주택과 기타재산의 취득가액 및 채무상환금액이 각각 아래 기준에 미달하고, 주택취득자금, 기

타 재산 취득자금 및 채무상환자금의 합계액이 총액한도 기준에 미달하는 경우에는 증여로 추정하지 않는다.

(2) 제1항과 관계없이 취득가액 또는 채무상환금액이 타인으로부터 증여받은 사실이 확인될 경우에는 **증여세 과세대상**이 된다.

4) 재산취득자금 및 채무상환자금의 증여로 추정하는 금액의 계산

재산취득자금 및 채무상환자금을 증여로 추정하는 경우에는 다음에 따라 입증된 금액의 합계액이 취득재산의 가액 또는 채무의 상환금액에 미달하는 경우에는 이를 증여받은 것으로 본다.

다만, 입증되지 아니하는 금액이 취득재산의 가액 또는 채무의 상환금액의 100분의 20에 상당하는 금액과 2억 원 중 적은 금액에 미달하는 경우에는 재산취득자금 및 채무상환자금 증여추정 규정을 적용하지 아니한다.

(1) 신고하였거나 과세(비과세 또는 감면받은 경우를 포함)받은 소득금액.

(2) 신고하였거나 과세받은 상속 또는 수증재산의 가액.

(3) 재산을 처분한 대가로 받은 금전이나 부채를 부담하고 받은 금전으로 당해 재산의 취득 또는 당해 채무의 상환에 직접 사용한 금액.

5) 자금출처 입증 사례 : 30세 이상 세대주 주택 취득시 입증하여야 할 금액

취득금액	입금면제금액	입증하여야 할 금액	입증률	비 고
1억 원	0	0	0	
2억 원	0	0	0	조사배제대상
3억 원	6천만 원	2억 4천만 원	80.0%	
5억 원	1억 원	4억 원	80.0%	
10억 원	2억 원	8억 원	80.0%	입증률 상승
15억 원	2억 원	13억 원	86.7%	

6) 재산취득 등 중대한 경제행위를 하기에 앞서 이러한 조사배제규정을 참고하여 자금출처 소명기준을 최대한 갖출 수 있도록 해야 뜻하지 않은 세금고지서를 피할 수 있다.

12. 창업자금에 대한 증여세 과세특례(조세특례제한법 제30조의5)
....

현금이나 부동산을 자녀에게 증여하게 되면 최고 50% 세율을 부담하게 되는데, 미래에 유망한 사업을 직접하기보다는 자녀가 중소기업을 창업하여 사업을 할 수 있도록 하기 위하여 창업자금에 대한 증여세 과세특례 제도를 이용하여 사업자금을 마련해 주는 것이 좋다.

1) **증여자 요건** : 만 60세 이상의 부모
(증여 당시 아버지나 어머니가 사망한 경우에는 그 사망한 아버지나 어머니의 부모 포함).

2) **수증자 요건** : 만 18세 이상의 거주자, 수증자별로 가능함(증여는 수증자 중심).

3) **중소기업(조세특례제한법 제6조의 3항의 업종)**
관광숙박업을 제외한 숙박업소, 주점업, 무도장, 병원 등은 제외.

4) **증여재산** : 양도소득세 과세대상 자산 제외, 현금성 자산.

5) 특례 증여 금액 : 30억 한도(단, 10명 이상 신규 고용한 경우 50억 원 한도)

6) 증여세 : (창업자금 증여가액 − 5억 원) × 10%
- 일반 증여세보다 낮은 세율이며, 향후 상속재산에 가산하여 정산한다.
- 상속인에게 증여한 금액은 10년 이내의 것만 상속재산에 합산하지만 상기 특례를 적용받은 금액은 기간에 관계없이 상속재산에 가산한다.

7) 창업으로 보지 않는 것
(1) 합병·분할·현물출자 또는 사업의 양수를 통하여 종전의 사업을 승계.
(2) 거주자가 하던 사업을 법인으로 전환하여 새로운 법인을 설립하는 경우.
(3) 폐업 후 폐업 전의 사업과 같은 종류의 사업을 하는 경우.
(4) 다른 업종을 추가하는 등 새로운 사업을 최초로 개시하는 것으로 보기 곤란한 경우.
(5) 2년 이내 창업하지 않는 경우.

8) 창업자금의 범위 : 사업용자산의 취득자금(토지와 감가상각자산), 사업장의 임차보증금 및 임차료 지급액.

9) 창업자금 사용 : 증여받은 날부터 4년이 되는 날까지 모두 해당 목적에 사용하여야 한다.

10) 사후관리
(1) **10년 이내 창업자금을 다른 목적으로 사용** : 사용하지 않은 일부분 비율대로 증여세와 이자상당액 추징.

(2) 창업 후 10년 이내 수증자의 사망으로 인한 폐업 또는 폐업하는 경우 : 증여세
와 이자상당액 추징. 수증자의 상속인이 승계하는 경우에는 제외.

(3) 30억 초과 : 5년 이내 근로자의 수가 줄어드는 경우 증여세와 이자상당
액 추징.

11) 증여자인 부모와 공동 사업은 안되지만 증여자와 같은 업종은 창업이 가능
하다.

12) 창업 형태

구분	개인	법인
과세방식	열거주의	포괄주의(발생주의)
등록	사업자등록	법인등기 후 사업자등록
책임	무한책임	유한책임
경비	총수입금액-필요경비	익금-손금
세율	6~45% 초과누진세율	2억 이하 10%, 2억 이상 20%
대표급여	경비처리 불가	경비처리 가능
이익잉여금	자유롭게 사용가능	배당(배당소득세)
자금사용	법인에 비해 자유로움	가지급금 등 제약 있음
상속세	자산가치만 고려	주식가치로 평가

개인과 법인은 장점과 단점을 같이 가지고 있기에 어느 쪽이 더 좋은지는
상황에 따라 다르다.

일정한 금액 이상이면 무조건 법인 전환하여야 하는 것도 아니고, 개인사업
자가 법인사업자로 전환하면 장점도 있으나 단점도 있으므로 상황을 잘살펴
개인사업자를 계속 할 것인지 법인으로 전환할 것인지를 판단하여야 한다.

13) 개인사업자와 법인사업자의 회계처리

구분	개인사업자	법인
이자·배당수익	사업소득에서 제외	각 사업연도소득에 포함
고정자산처분이익	원칙적으로 총수익금액불산입(필요경비불산입) 복식부기의무자 처분이익은 과세	임금(손금)
유가증권처분손익	총수입금액불산입(필요경비불산입)	임금(손금)
출자자의 자금인출	출자금의 반환(인정이자)	업무무관가지급금(인정이자)
자산수증이익 채무면제이익	사업관련 : 총수입금액산입 사업무관 : 총수입금액불산입	익금산입
인건비	대표자 : 필요경비불산입 사업종사대표자가족 : 필요경비산입	대표자 : 손금산입 대표자가족 : 손금산입
퇴직급여충당금	대표자는 퇴직급여충당금 설정불가	대표자도 퇴직급여충당금 설정 가능
재고자산자가소비	시가를 총수입금액으로 산입	규정 없음

※ 주의할 점

1. 음식점은 가능하지만 커피전문점은 안 된다.

2. 현금성 자산으로만 증여할 수 있다.

3. 수증자의 사망뿐만 아니라 증여자의 사망으로 인하여 상속이 개시된 경우에도 사후관리 규정을 위배한 것으로 본다.

4. 창업자금에 대한 연부연납이 허용되기 때문에 증여세를 5년간 6번에 걸쳐 납부할 수 있다.

13. 매매를 증여세로 과세하는 경우(상증법 제31조)

....

특수관계인 간에 재산을 시가보다 낮은 가액으로 양수하거나 시가보다 높은 가액으로 양도한 경우로서 그 대가와 시가의 차액이 시가의 30% 또는

3억 원 이상인 경우 증여세 과세 문제 발생.

1) 특수관계인 간의 거래

시가에서 대가를 차감한 가액이 시가의 30% 이상이거나 대가에서 시가를
차감한 가액이 시가의 3억 원 이상인 경우에는 시가의 30%에 상당하는
가액과 3억 원 중 적은 금액을 차감하여 계산한다.

구분	과세대상	증여이익
저가양수	(시가-대가)÷시가≥30% 또는 시가-대가≥3억 원	차액-Min(시가×30%, 3억 원)
고가양도	(대가-시가)÷시가≥30% 또는 대가-시가≥3억 원	

증여재산가액 = 9억 원 - 3억 원 - Min[9억×30%, 3억 원] = 3.3억 원

2) 특수관계인이 아닌 자간의 거래

저가·고가 양수도에 따른 증여이익의 계산은 그 대가와 시가와의 차액에
상당하는 금액을 말한다.
이때 증여재산가액은 현저히 낮은 가액 또는 현저히 높은 가액과 시가와
의 차액에서 각각 3억 원을 차감하여 계산한다.

구분	과세대상	증여이익
저가양수	(시가-대가)÷시가≥30%	차액-3억 원
고가양도	(대가-시가)÷시가≥30%	

3) 특수관계인

본인과 친족관계, 경제적 연관관계 또는 경영지배관계 등.
(1) 친족관계[(1. 6촌 이내의 혈족 2. 4촌 이내의 인척 3. 배우자(사실상의 혼인관

계에 있는 자를 포함) 4. 친생자로서 다른 사람에게 친양자 입양된 자 및 그 배우자·직계비속)] 및 직계비속의 배우자의 2촌 이내의 혈족과 그 배우자.

(2) 사용인이나 사용인 외의 자로서 본인의 재산으로 생계를 유지하는 자.

(3) 경제적 연관관계 또는 경영지배관계 등에 있는 자.

4) 특수관계인 여부와 상관없이 자산 양수도의 경우 대가와 시가의 차액이 3억 미만이면 증여세 문제가 발생하지 않는다.

14. 영농자녀가 증여받은 농지 등에 대한 증여세 감면

농지 등의 소재지에 거주하면서 영농에 종사하는 거주자(이하 '자경농민 등')가 그의 직계비속(이하 '영농자녀 등')에게 2022년 12월 31일까지 해당 농지 등을 증여하는 경우에는 해당 농지 등의 가액에 대하여 증여세의 100%에 상당하는 세액(다만, 5년간 합하여 1억 원 한도까지만 감면)을 감면한다.

증여세를 감면받기 위해서는 증여자와 수증자 모두 아래 내용을 충족하여야만 한다.

1) 증여자인 자경농민 등이 다음 요건을 모두 갖춘 거주자일 것

(1) 증여자가 농지 등이 소재하는 시·군·구(자치구를 말함), 그와 연접한 시·군·자치구 또는 해당 농지 등으로부터 직선거리 30킬로미터 이내에 거주할 것.

(2) 농지 등의 증여일부터 소급하여 3년 이상 계속하여 직접 영농에 종사
하고 있을 것.

2) 수증자인 영농자녀 등이 다음 요건을 모두 충족할 것

(1) 농지 등의 증여일 현재 만 18세 이상인 직계비속일 것.

(2) 증여세 신고기한까지 증여받은 농지 등이 소재하는 시·군·구(자치구를
말함), 그와 연접한 시·군·구 또는 해당 농지 등으로부터 직선거리 30
킬로미터 이내에 거주하면서 그 증여받은 농지 등에서 직접 영농에 종
사할 것.

15. 증여재산의 평가방법

·······

1) 증여재산의 평가는 증여일 현재의 시가로 평가한다.

다만, 시가를 산정하기 어려운 경우에는 당해 재산의 종류·규모·거래상
황 등을 감안하여 규정된 방법(이하 '보충적 평가방법')에 따라 평가한 가액
을 시가로 본다.

2) 증여재산의 시가란?

불특정 다수인 사이에 자유로이 거래가 이루어지는 경우에 통상 성립된다
고 인정되는 가액을 말하는 것으로서, 증여일 전 6개월 후 3개월 이내의
기간(이하 '평가기간') 중 매매·감정·수용·경매 또는 공매(이하 '매매 등')가
있는 경우에는 그 확인되는 가액을 포함한다.

(1) 증여재산의 시가

- 매매 사실이 있는 경우 그 거래가액.

- 2 이상의 공신력 있는 감정기관이 평가한 감정가액이 있는 경우 : 그 감정가액의 평균액.

  단, 기준시가 10억 이하인 경우에는 1 이상의 감정기관의 감정가액도 가능함.

- 수용·경매 또는 공매 사실이 있는 경우 : 그 보상가액·경매가액 또는 공매가액.

- 증여일 전 6개월부터 평가기간 내 증여세 신고일까지의 기간 중에 증여재산과 면적·위치·종목 및 기준시가가 동일하거나 유사한 다른 재산에 대한 매매가액·감정가액의 평균액 등이 있는 경우 : 당해가액.

- 평가기간에 해당하지 아니하는 기간으로서 증여일 전 2년 이내의 기간과 평가기간이 경과한 후부터 증여세 신고기한 후 6개월까지의 기간 중에 상속재산과 면적·위치·용도·종목 및 기준시가가 동일하거나 유사한 다른 재산의 매매 등 가액이 있는 경우 시가로 포함할 수 있다.

(2) 시가 적용 시 판단기준일은?

증여일 전 6개월 후 3개월 이내에 해당하는지 여부는 다음에 해당하는 날을 기준으로 하여 판단한다.

- 거래가액 : 매매계약일.

- 감정가액 : 감정가액평가서의 작성일(가격산정기준일과 감정가액평가서 작성일이 모두 평가기간 이내이어야 함).

- 수용·보상·경매가액 : 가액 결정일.

시가로 보는 가액이 2 이상인 경우에는 평가기준일로부터 가장 가까운 날에 해당하는 가액을 시가로 한다.

3) 부동산에 대한 보충적 평가는?

부동산에 대한 보충적 평가는 다음 부동산 유형에 따라 평가한다.

부동산 유형	평가방식
토지	개별공시지가로 평가
주택	개별주택가격 및 공동주택가격으로 평가
일반건물	국세청 건물 기준시가 계산방법
오피스텔 및 상업용 건물	국세청장이 지정하여 고시한 가액

4) 유가증권에 대한 평가는?

유가증권에 대한 시가 평가는 다음 주식 유형에 따라 평가한다.

주식유형	평가방식
상장주식 또는 코스닥 상장주식	증여일 이전·이후 각 2월 간에 공표된 매일의 최종시세가액의 평균액으로 평가.
비상장주식	증여일 전 6개월, 후 3개월 이내에 불특정다수인 사이의 객관적 교환가치를 반영한 거래가액 또는 경매·공매가액이 확인된 경우 이를 시가로 보아 평가한다.

5) 비상장주식에 대한 보충적 평가는?

원칙적으로 1주당 순손익가치와 순자산가치를 각각 3과 2의 비율로 가중평균한 가액으로 평가한다.

1주당 평가액 = (1주당 순손익가치 × 3 + 1주당 순자산가치 × 2) ÷ 5

예외적으로 자산가액 중 부동산부분이 50% 이상인 법인은 순손익가치와 순자산가치를 각각 2와 3의 비율로 가중평균한 가액으로 평가한다.

1주당 평가액 = (1주당 순손익가치×2+1주당 순자산가치×3)÷5

16. 증여세 납부방식

1) 증여세의 과세최저한
- 과세표준이 50만 원 미만이면 증여세를 부과하지 아니한다.

2) 신고납부기한
- 증여받은 날이 속하는 달의 말일부터 3개월 이내에 증여세의 과세가액 및 과세표준을 신고하여야 한다.

3) 신고세액공제
증여세 과세표준을 신고기한까지 신고한 경우에는 적법하게 신고된 산출세액(세대생략 할증세액 포함)에서 공제세액 등을 차감한 금액에 신고세액공제율을 곱하여 계산한 금액을 공제한다.

증여세 선출세액에서 납부할 세액의 100분의 3에 상당하는 금액을 공제한다.

4) 납부세액공제
- 해당 증여일 전 10년 이내에 동일인으로부터 받은 증여재산가액을 과세가액에 가산하는 경우 가산한 증여재산의 산출세액과 한도액을 비

교하여 작은 금액을 납부세액으로 산출세액에서 공제한다.

- 납부세액 공제액 계산 : Min(①, ②)

  ① 가산한 증여재산의 산출세액

  ② 공제한도

$$증여세\ 산출세액 \times \frac{가산한\ 증여재산에\ 대한\ 과세표준}{당해\ 증여재산과\ 가산한\ 증여재산가액의\ 합계액에\ 대한\ 과세표준}$$

5) 분납

납부할 금액이 1천만 원을 초과하는 경우에는 납부할 금액으 일부를 납부기한이 지난 뒤 2개월 이내에 분할 납부할 수 있다.

- 납부할 세액이 2천만 원 이하일 때 : 1천만 원 초과하는 금액.
- 납부할 세액이 2천만 원 초과할 때 : 그 세액의 50% 이하 금액.

7) 연부연납

납부세액이 2천만 원을 초과한 경우에는 납세의무자가 납세담보를 제공하며 신청하면 관할 세무서장이 허가하여 연부연납할 수 있다.

요건

(1) 증여세 납부세액이 2천만 원 초과

(2) 납세담보 제공

(3) 신청기한 내 연부연납 허가신청서 제출

  (신고시 : 신고기한까지, 고지시 : 고지서의 납부기한까지)

8) 신고시 유의사항

(1) 증여세 신고서 제출

- 신고서 제출일 현재의 수증자의 주소지 관할 세무서에 제출한다.

(2) 증여세 신고기한

− 증여일이 속하는 달의 말일부터 3월 이내에 관할세무서에 제출한다.

    🄰 증여일이 2021년 8월 1일인 경우 → 증여세 신고기한은 2021년 11월 30일 임.

9) 증여세 전자신고방법

− 홈택스(www.hometax.co.kr)를 통해 증여세 전자신고를 할 수 있다.

부록

부록 1 | 한방에 끝내는 부동산경매

1. 경매의 대상

2. 부동산경매 순서

3. 경매 소요기간(낙찰부터 명도까지 소요기간)

4. 부동산경매 공부 목적과 경매의 장점과 단점

5. 부동산경매물건 검색

부록 2 | 주택임대차보호법

1. 주택임대차보호법

2. 등기부등본 보는 법

부록1

한방에 끝내는
부동산경매

부동산경매는 채권자의 신청에 의하여 법원에서 진행된다.

부동산경매는 매매의 한 종류이다. 부동산중개업소에서 매매를 하기 곤란한
경우에 법원이라는 공권력에서 하게 된다.

즉 부동산경매는 채권자가 채무자로부터 돈을 받기 위하여 법원에 채무자의
부동산을 팔아 달라고 신청하면, 법원이 채무자의 부동산을 팔아 채권자에
게 나누어 주는 절차를 말한다.

부동산경매

1. 경매의 대상

....

법원경매의 대상은 원칙적으로 부동산이다.

물건은 2가지 종류로 나누게 된다.

움직일 수 있는 물건을 동산이라 하는데 현금, 책, 노트북 등과 같이 우리 주변의 형체가 있고 움직이는 물건이다.

부동산은 동산이 아닌 물건이다. 부동산은 동산이 아닌 물건을 부동산이라 한다.

부동산에는 토지와 건물을 말한다.

토지에는 대지, 전, 답, 임야 등의 지목으로 되어 있고, 건물은 주택, 아파트, 공장, 상가 등을 말한다.

법원경매의 대상은 토지와 건물 등의 부동산 외에 준부동산도 포함된다.

준부동산은 동산이지만 부동산으로 취급받는 것을 말한다. 동산임에도 댓가를 지불하고 점유를 하고, 등기 또는 등록을 하여 소유권을 확립해야 하는 물건을 말한다.

준부동산도 법원에서 경매를 통하여 취득할 수 있고, 자동차, 선박, 항공기 등을 말한다.

2. 부동산경매 순서

....

부동산경매를 하는 순서는 일반적으로 다음과 같은 과정을 거치게 된다.

1) 부동산경매에 참여하는 목적과 조달 가능한 자금을 파악하여야 한다.
경매가 진행 중인 부동산은 1개월에 수만 건이다. 경매에 참여 목적을 명확하게 하지 않으면 제대로 된 물건 파악에 많은 시간을 소비하게 되며, 자금 사정을 제대로 파악하지 않으면 낙찰 받은 뒤 잔금을 납부하지 못하여 입찰보증금을 몰수당하는 경우도 발생한다.

2) 입찰 가능한 물건찾기 : 경매정보제공사이트를 통하여 조건에 맞는 경매 물건이 있는지 찾는다.

3) 권리분석 : 권리분석이란 경매에 참여하여 낙찰받아 잔금을 납부하였을 때 추가로 들어가는 비용이 있는지 여부와 낙찰 뒤에도 소멸되지 않는 권리가 있는지 여부를 확인하는 작업이다.
권리분석은 법원기록과 등기부등본을 통하여 하게 된다.

4) 현장조사 : 권리분석을 통하여 서류상 문제 없는 부동산이면, 현장에 가서 물건의 하자 여부와 가치를 확인하는 것을 현장조사라 한다.

5) 입찰가액 산정 : 권리분석과 현장조사를 통하여 입찰 참여를 결정하였다면 입찰가액을 정하여야 한다.
입찰가액은 현재의 거래시가, 주변의 낙찰가율 등을 감안하여 결정한다.

6) **입찰** : 부동산경매는 지정된 일시에 법원에 가서 낙찰받고자 하는 가격을 써 넣는 것을 입찰이라 한다.

7) **낙찰** : 입찰금액 중 최고가로 입찰한 사람이 최고가매수인이 된다.

8) **소유권 이전** : 최고가매수인이 잔금을 납부한 후에 소유권이전촉탁을 법원경매계에 제출한다.

9) **명도** : 경매에서 낙찰을 받아 잔금을 매수하였다 하더라도 전 소유자나 세입자 등 점유자가 낙찰받은 부동산을 차지하고 있다면 소유권 행사를 할 수가 없다. 낙찰받은 부동산을 점유하는 사람들을 내보내는 작업을 명도라 한다.

10) **마무리(사용, 매매, 임대)** : 낙찰받은 부동산에 대하여 잔금을 납부하고 명도를 하였다면 직접 사용할 것인지, 매매할 것인지, 임대수익을 얻을 것인지 등을 결정한 후에 사용하면 된다.

3. 경매 소요기간(낙찰부터 명도까지 소요기간)

....

1) 낙찰

부동산의 입찰기일에 법원에 가서 입찰을 하여 낙찰받는다.

2) 매각허가 결정(1주일 뒤)

입찰기일에 최고가 매수인이 되면 법원은 1주일 후에 매각허가결정을 한다.

3) 이의신청 기간(1주일 뒤)

법원의 매각허가결정에 대하여 1주일 간의 이의신청기간이 지나면 낙찰이 확정된다.

4) 잔금 납부 기한(4주)

이의신청 기간이 지나면 잔금을 납부할 수 있다. 일반적으로 잔금납부기간은 4주간이지만 법원에 따라 잔금납부기한을 줄이는 경우도 있으므로 잔금납부기간을 사전에 알아봐야 한다.

5) 배당기일(4주)

잔금납부를 하게 되면 4주 뒤에 배당기일이 지정된다. 비슷한 시기의 경매 사건을 함께 배당기일을 정하기 때문에 4주 전일 수도 4주 뒤일 수도 있으니 확인하여야 한다.

6) 명도(1~2개월)

잔금을 납부하고 소유권이전을 하였다 하여도 낙찰받은 부동산을 점유하는 사람을 내보내는데 일반적으로 1~2개월의 시일이 소요된다.

4. 부동산경매 공부 목적과 경매의 장점과 단점

....

1) 목적

(1) 재산지키기 : 부동산에 대한 지식을 공부하는 것은 부동산경매에서 뿐만아니라 자신의 재산을 지키는 데 많은 도움이 된다.

- 등기부등본등 부동산서류 보는 법
- 주택 및 상가임대차보호법
- 말소기준권리

(2) 재산늘리기
부동산경매는 좋은 재테크 수단이다.

(3) 부동산경매의 장점
- 부동산을 저렴하게 구입 : 일반 매매 보다 좀 더 많은 대출이 가능하다.

(4) 부동산경매의 단점
- 부동산에 대한 정보 부족 : 중개업소를 통하여 부동산을 매입할 때는 매입 하려는 부동산에 들어가서 하자가 있는지 여부를 확인할 수 있으나, 부동산경매 부동산은 직접 들어갈 수 없으므로 자칫 부동산 내부가 부실하여 많은 수리비 등이 지출될 수 있다.
- 명도 : 낙찰받아 잔금을 납부하고 소유권 이전을 하였으나 부동산에 점유하는 사람들이 부동산 인도를 거부하는 경우 이사비 등의 비용이 지불될 수 있다.

5. 부동산경매물건 검색

. . . .

1) 기본지식

입찰법원	서울/중앙지법 경매2계	사건명	부동산임의경매		개시결정일	2020.08.14
사건번호	2020-4370	물건번호			배당요구종기일	2020.10.30
소재지	서울특별시 강남구 도산대로101길 38, 11층1101호 (청담동,상지카일룸) 🔍지도검색 🚗로드뷰					
입찰일	2022.02.03 (목)	진행상태	진행		유찰횟수	0
물건용도	아파트 📷 KB	입찰보증금	(10%) 661,000,000		청구액	538,031,058
채권자	주○○○○○○	감정가	6,610,000,000		토지	69.54㎡ (21 평)
채무자	주○○○○○○○○	최저가	(100%) 6,610,000,000		건물	244.98㎡ (74.1 평)
소유자	이○○	낙찰가			제시외	

감정평가내역

서울 강남구 청담동 12B 상지카일룸 11층 1101호

- 청담동주민센터북동측,영동대교남 단지근에위치
- 주변아파트,근린시설,단독주택,근린 동소재
- 차량출입가능
- 복촉측립피대도접함,영동대교,강변 복도의접근가능하여차지역요도의편 계좋이
- 7호선버스(점),근거리지하철7호선청 답역소재
- 대중교통사정우수
- 가깥학동고급단지
- 복서측도산대도101길,남측압구정로 79길,부동측통림특데도도각각접합
- 도로접함
- 건축물
- 건축선지정(도로경계선에서3m후로)
- 1차보정:6,640,000,000

3종일반주거지역
과밀억제권역
도시지역
역사문화미관지구
관감계기조배함시설석치제관지역
풍질결관로관택구역(2016.11.24)
토지거래허가구역(2020.08.23)
대공방어협조구역(위략고도:77-257 m)

- 대지
전체: 1192.2㎡ (357.62평)
69.5412㎡ (21.04평)
61200 분의 3600
- 건물
244.98㎡ (74.11평)
총 13층 / 11층
금룡:131.62
방:6,욕실3,주방2,파우더룸,창고 ㎡
#17세대
##2021.11월 재감정

감정시점	2020-09-02
감정회사	준경감정
토지감정	5,288,000,000
건물감정	1,322,000,000
합계	6,610,000,000
보존등기	2003-12-30

[감정평가서 ▶] [부동산표시목록 ▶]

등기부내역

등기목적	접수일	권리자	금액
소유권	2015.02.27	이홍재 -전소유자:이광철	매매3,600,000,000
근저당권 맥소계	2015.02.27	랜드홀딩대부금융	2,196,000,000
근저당권	2015.03.10	기업은행 압구정중	1,000,000,000
근저당권	2015.03.22	랜드홀딩대부금융	660,000,000
근저당권	2015.08.29	랜드홀딩대부금융	1,080,000,000
근저당권	2015.12.14	하나은행 업무혁신	576,000,000
근저당권	2020.03.17	강남세무서장	830,000,000
근저당권	2020.03.17	전소연	800,000,000
근저당권	2020.04.13	전세하	1,110,000,000
가압류	2020.06.11	기업은행 기업개선부 -2020 카단 809052 서울중 앙지방법원	296,927,215
이전	2020.06.13	서봉식 -전세하(20.04.13)	400,000,000
가압류	2020.06.15	기업은행 여신관리부 -2020 카단 810724 서울중 앙지방법원	1,179,618,568
가압류	2020.07.07	한국산업은행 대전 -2020 카단 1603 대전지방 법원	700,000,000
임의	2020.08.14	하나은행 여신관리부 -2020바경4370	538,031,058
임의	2020.08.21	기업은행 여신관리부 -2020바경4493	0
질권	2020.08.21	제이비우리캐피탈 -랜드홀딩대부금융근저당 권	1,080,000,000
압류	2020.09.02	강남세무서장	0
질권	2020.09.03	제이비우리캐피탈 -랜드홀딩대부금융근저당 권	660,000,000
질권	2020.09.03	제이비우리캐피탈 -랜드홀딩대부금융근저당 권	2,196,000,000
가압류	2020.10.29	기업은행 기업개선부 -2020 카단 810916 서울중 앙지방법원	590,223,942
압류	2021.03.24	서울시강남구	0
압류	2021.03.26	서울시	0
근저당권	2021.07.21	이근혁	1,000,000,000
이전	2021.08.24	주근숙 -전세하(20.04.13)	510,000,000

▸ 보존등기일: 2003-12-30

▸ **등기부 요약점보**

경매진행내역		
입찰일	결과	응찰
2021.11.25 (목)	변경	₩ 6,540,000,000 (100%)
2022.02.03 (목)	진행	₩ 6,810,000,000 (100%)

▶ 다음예상최저가 : 6,299,000,000 원
예상가격은 법원사정상 변동될 수 있으니 참고만 하시기 바랍니다.

▶ 진행 : 1회 ▶ 변경 : 1회
▶ 총진행 : 2회

중복경매 ▶ 기일내역 ▶

임대차내역			
성명(상호)	전입(사업자)	보증금	비고
김창악	전입 2020.03.10		110호
조재원	전입 2020.03.13		110호

▶ 개시결정 : 2020.09.14
▶ 말소기준 : 2016.02.27 근저당권
▶ 배당요구 : 2020.10.30

소액(주택) ▶ 소액(상가) ▶ 매각물건명세서 ▶ 현황조사서 ▶

(1) 입찰법원

특이사항			
구분	날짜	내역	결과
접수	2020-08-12	교부권자 서0000 000 교부청구서 제출	
접수	2020-08-27	임차인 박○○ 권리신고 및 배당요구신청서(주택임대차) 제출	
접수	2020-08-27	가압류권자 경00000 0000 권리신고 및 배당요구신청서 제출	

법원참고사항
-위 임대차관계는 주민등록열람 내역과 주민등록표등본에 의함

박주경 : 이세훈의 배우자

5층503호 (도곡동,도곡3차아이파크)
-본건 부동산에 대하여 현황조사차 방문하여 임차인 '이세훈'의 가사도우미 김경숙을 만나 현황조사 개요를 설명하고 '안내문'을 교부하였음-위 임차인이 가족들과 함께 거주하는 것으로 알고 있으며, 다른 임차인은 없다고 함-전입세대열람 내역과 주민등록표 등본에 임차인 '이세훈'이 세대주로 등재되어 있음

입찰법원은 경매가 진행되는 법원이다.

부동산경매를 진행하는 법원은 지정되어 있고, 경매 부동산 소재지의 법원에서 경매를 진행하게 되어 있다.

모든 법원에서 경매가 진행되는 것은 아니다.

부동산경매는 지방법원 본원과 지원에서 진행한다. 담당부서는 민사집행과 경매계이다.

경매법정에서 경매의 진행은 집행관이 하는데, 집행관은 법원의 직원이 아닌 공무원과 별도의 조직이다.

서울에는 5개의 지방법원이 있으며, 서울의 25개구를 나누어 관할하고 있다.

부동산경매에 참여하려면 관할법원이 어디인지 반드시 확인하고 정해진 입찰일에 그 법원에 가서 입찰해야 한다.

〈전국 법원별 관할 지역〉

법원/지역	법원	지역(시/군/구)
서울	중앙지방법원	서초구, 종로구, 중구, 동작구, 강남구, 관악구
	동부지방법원	성동구, 송파구, 광진구, 강동구
	서부지방법원	용산구, 마포구, 은평구, 서대문구
	남부지방법원	금천구, 구로구, 양천구, 영등포구, 강서구
	북부지방법원	동대문구, 중랑구, 도봉구, 강북구, 노원구, 성북구
의정부지방법원	의정부지방법원	의정부시, 남양주시, 포천시, 연천군, 구리시, 가평군, 양주시, 동두천시, 철원군
	고양지원	고양시, 파주시
인천지방법원	인천지방법원	인천광역시, 강화군
	부천지원	부천시, 김포시
수원지방법원	수원지방법원	수원시, 용인시, 화성시, 오산시
	평택지원	평택시, 안성시
	성남지원	성남시, 광주시
	여주지원	여주시, 이천시, 양평군
	안산지원	안산시, 광명시, 시흥시
	안양지원	안양시, 의왕시, 과천시, 군포시
대전지방법원 (대전/충남)	대전지방법원	대전광역시, 금산군, 세종시
	천안지원	천안시, 아산시
	서산지원	서산시, 태안군, 당진시
	홍성지원	홍성군, 예산군, 보령시, 서천군
	논산지원	논산시, 계룡시, 부여군
	공주지원	공주시, 청양군

법원/지역	법원	지역(시/군/구)
청주지방법원 (충북)	청주지방법원	청주시, 괴산군, 보은군, 진천군, 청주시
	충주지원	충주시, 음성군
	영동지원	영동군, 옥천군
	제천지원	제천시, 단양군
대구지방법원 (대구/경북)	대구지방법원	대구광역시(수성구, 남구, 중구, 동구, 북구), 영천시, 경산시, 청도군, 칠곡군
	경주지원	경주시
	포항지원	포항시, 울릉군
	김천지원	김천시, 구미시
	안동지원	안동시, 봉화군, 영주시
	상주지원	상주시, 문경시, 예천군
	영덕지원	영덕군, 영양군, 울진군
	의성지원	의성군, 군위군, 청송군
	서부지원	대구광역시(달서구, 서구), 성주군, 고령군, 달성군
부산지방법원	부산지방법원	금정구, 동구, 동래구, 부산 진구, 연제구, 영도구, 중구
	동부지원	기장군, 남구, 수영구, 해운대구
	서부지원	강서구, 북구, 사상구, 사하구, 서구
울산지방법원	울산지방법원	울산광역시, 양산시
창원지방법원 (경남)	창원지방법원	창원시(창원성산구, 창원의창구, 진해구), 김해시
	진주지원	진주시, 산청군, 사천시, 남해군, 하동군
	통영지원	통영시, 고성군, 거제시
	밀양지원	밀양시, 창녕군
	거창지원	거창군, 함양군, 합천군
	마산지원	창원시(마산합포구, 마산회원구) 함안군, 의령군

법원/지역	법원	지역(시/군/구)
광주지방법원 (광주/전남)	광주지방법원	광주광역시, 화순군, 나주시, 곡성군, 영광군, 담양군, 장성군
	순천지원	순천시, 보성군, 고흥군, 여수시, 광양시, 구례군
	해남지원	해남군, 진도군, 완도군
	장흥지원	장흥군, 강진군
	목포지원	목포시, 무안군, 함평군, 영암군, 신안군
전주지방법원 (전북)	전주지방법원	전주시, 진안군, 김제시, 무주군, 임실군, 완주군
	군산지원	군산시, 익산시
	정읍지원	정읍시, 고창군, 부안군
	남원지원	남원시, 순창군, 장수군
춘천지방법원 (강원)	춘천지방법원	춘천시, 인제군, 홍천군, 양구군, 화천군
	강릉지원	강릉시, 삼척시, 동해시
	원주지원	원주시, 횡성군
	속초지원	속초시, 고성군, 양양군
	영월지원	영월군, 정선군, 태백시, 평창군
제주지방법원	제주지방법원	제주시, 서귀포시

(2) 사건명

부동산경매는 임의경매, 강제경매, 형식적경매로 나누어진다.

- 부동산임의경매는 당초에 채권자, 채무자, 부동산소유자 간의 합의가
이루어진 경매이다. 임의경매 중 대표적인 것이 근저당권에 의한 경매
라 할 수 있다.

  부동산소유자는 금융기관에서 돈을 빌릴 때 돈을 빌리는 대가로 부동
  산에 근저당권을 설정하게 된다. 즉, 돈을 빌리는 대신 약속대로 돈을
  갚지 못하면 부동산경매를 진행한다는 약속이 있으므로 돈을 빌린 사

람이 돈을 약속한 기간 내에 갚지 않거나, 이자를 주지 않을 때 돈을 빌려준 사람은 담보설정된 부동산을 경매신청한다.

근저당권, 전세권, 담보가등기 등에 의한 경매를 임의경매라 한다.

– 부동산강제경매는 채권자가 법원에 부동산경매를 신청하기 위해서는 법원에 소송을 제기하여 판결(집행권원)을 받아 경매를 신청하는 것이다.

채권자와 채무자 간의 사전에 계약된 금액이나 경매 진행 여부 등에 대하여 약속된 것이 없으므로 채권자 일방의 신청으로는 부동산경매를 진행할 수 없다.

그럼으로 법원의 판결을 통하여 금액을 확정하고, 그것(집행권원이라 한다)을 근거로 부동산경매를 신청할 수 있다.

이와 같이 부동산경매를 신청하기 위해서는 집행권원 등이 필요한 경우의 경매를 강제경매라 한다.

집행권원에는 판결문, 화해조서, 조정조서 등이 있다.

– 형식적 경매는 채권·채무의 해결을 위한 경매가 아니고, 부동산 자체를 정리하기 위해 경매의 절차를 밟는 것이다. 즉, 부동산을 매각하여 현금화를 위한 경매이다.

대표적으로 공유물분할을 위한 경매가 있다.

부동산경매 참가자의 입장에서는 임의경매든 강제경매든 별 차이가 없다. 굳이 차이를 말한다면 낙찰 후에 경매를 취하할 때, 임의경매는 취하서를 내면 되지만 강제경매는 낙찰자의 동의가 필요하다는 부분이 다르다.

(3) 개시결정일(소액임차인 최우선변제금의 기준)

부동산경매가 법원에 의하여 개시된 날짜를 말한다.

법원에 경매를 신청하는 모든 부동산에 경매 진행되는 것은 아니다.

법원에 부동산경매신청이 접수되면 법원은 신청 내용을 검토하여 부동산 경매를 진행하는 것이 정당하다고 판단될 때 경매개시결정을 한다.

개시결정일은 소액임차인 최우선변제금의 기준이 된다. 소액임차인최우선변제금에 대하여는 [주택임대차보호법]에서 설명한다.

개시결정일 이전에 전입신고한 임차인에 한하여 소액임차인 최우선변제금에 해당이 되고, 개시결정일 이후에 전입한 임차인은 소액임차인 최우선변제금을 받을 수 없다.

(4) 사건번호

부동산경매는 법원에서 진행되는 사건이며, 고유의 부호를 사용한다.

이 사건번호 2020-105419는 "서울중앙지방법원 2020 타경 105419 부동산임의경매"가 정확한 표현이다.

앞부분의 "2020"은 부동산경매를 위해 법원에 경매가 신청된 연도를 표시하고, "타경"은 민사사건, 형사사건 등과 같이 다른 법원의 사건과 부동산경매사건을 구분하기 위해 법원에서 부동산경매사건에 부여하는 부호이고, 뒷부분의 "105419"는 법원에 접수된 순서대로 부여되는 경매물건 접수번호이다.

사건번호는 경매가 진행되는 법원에서 부여되는 것으로 다른 법원과 중복되는 경우도 있으므로 법원과 사건번호를 확인하여야 한다.

(5) 물건번호

부동산경매사건에 경매진행되는 물건이 2개 이상인 경우에는 같은 사건이라도 물건별로 각각 매각하게 되는 경우에 경매물건 마다 번호를 부여하는데 이것이 물건부호이다.

이 사건에는 경매부동산이 1개임으로 물건번호를 적지 않았다.

하나의 사건에 물건이 여러 개일 경우에 입찰할 때, 물건번호를 쓰지 않으면 입찰이 무효가 됨으로 반드시 물건번호를 적어야 한다.

그리고 물건이 여러 개일 때, 물건별로 낙찰이 같은 날 이루어지지 않을 때에 배당은 동일한 사건 내의 모든 물건이 낙찰된 이후에 이루어진다.

(6) 배당요구종기일

배당요구종기일 이내에 배당요구를 하여야 하며, 임차인은 배당요구종기일 이후에는 전출하여도 배당요구할 당시의 권리순위를 그대로 유지한다.

배당요구종기일 이내에 배당요구하지 않은 선순위임차인은 배당을 받지 못하며, 선순위임차인의 보증금은 낙찰자가 인수하게 된다.

임차인은 배당요구종기 안에 배당요구를 하여야 배당을 받을 수 있는 가장 중요한 채권자이다.

등기부에 등록된 채권자는 배당요구를 하지 않아도 배당이 가능하다.

세입자가 배당을 얼마나 받는지에 따라 명도의 난이도가 달라질 수 있으므로 배당 내역이 중요하다.

임차인들이 배당을 얼마나 받는지도 중요하다. 왜냐하면 입찰 전에 명도의 난이도를 검토할 때 이사비 등 예상 명도비용을 계산할 때 중요하다.

이 사건에서 배당요구종기일은 2020.08.28.이다. 이 부동산경매사건의 채권자들은 2020.08.28.까지 배당요구를 하여야 한다.

(7) 소재지

경매대상이 되고 있는 부동산이 있는 장소를 말한다.

부동산경매의 관할법원은 채권자나 채무자의 주소지가 아니라 부동산소재지에 따라서 관할법원이 정해진다.

(8) 입찰일

입찰일은 부동산경매가 진행되는 날이며, 입찰하기 위해서는 반드시 법원에 본인이나 대리인이 출석하여야 한다. 인터넷 입찰은 진행하지 않는다.

일반적으로 정해진 입찰일에 응찰하는 사람이 없는 경우에는 일반적으로 4주 뒤에 20%~30% 저감되어 입찰일이 정해진다.

법원에 따라 입찰시간이 다름으로 반드시 해당 사건 공고를 정확히 알고, 법원에 가야 한다.

또한 입찰시간은 같아도 마감시간은 제각각이다. 법원에 따라서 마감시간이 조금씩 다르다.

예 인천 11시 20분, 수원 11시 40분, 성남 11시 10분

입찰개시부터 입찰마감까지 최소 1시간 이상이다.

이 사건의 입찰일은 2021.04.13.이다.

지방법원	지원	입찰시간	저감율
서울 전 법원	중앙 · 동부 · 서부 · 남부 · 북부 각 지방법원	10:00	20%
인천지방법원	인천지방법원, 부천지원	10:00	30%
수원지방법원	수원지방법원, 안산지원	10:30	30%
	성남 · 여주 · 평택 각 지원	10:00	30%
	안양지원	10:30	20%
의정부지방법원	의정부지방법원	10:30	30%
	고양지원	10:00	30%

지방법원	지원	입찰시간	저감율
춘천지방법원 (강원도)	춘천지방법원, 강릉 · 원주 · 속초 · 영월 각 지원	10:00	30%
청주지방법원 (충북 지역)	청주지방법원, 충주 · 제천 · 영동 각 지원	10:00	20%
대전지방법원 (충남 지역)	대전지방법원, 천안지원(자동차경매 1일 2회 입찰)	① 10:00 ② 14:00	30%
	홍성 · 공주 각 지원	10:00	30%
	논산지원	10:00	20%
	서산지원(자동차경매 1일 2회 입찰)	① 10:00 ② 12:00	30%
전주지방법원 (전북 지역)	전주지방법원 · 군산 · 정읍 · 남원 각 지원	10:00	30%
광주지방법원 (전남 지역)	광주지방법원(1회차 30%, 2회차 이후 20% 저감), 목포 · 해남 · 순천 각 지원	10:00	① 30% ② 20%
	장흥지원	10:00	20%
대구지방법원 (경북 지역)	대구지방법원, 안동 · 경주 · 김천 · 상주 의성 · 영덕 · 포항 · 서부 각 지원	10:00	30%
창원지방법원 (경남 지역)	창원지방법원, 마산 · 진주 · 통영 · 밀양 · 거창 각 지원	10:00	20%
울산지방법원	울산지방법원	10:00	20%
부산지방법원	부산지방법원 (부동산경매 20%, 자동차경매 30%, 선박경매 40%)	10:00	① 20% ② 30% ③ 40%
	동부 · 서부 각 지원	10:00	20%
제주지방법원	제주지방법원	10:00	30%

2) 물권, 채권

진행, 유찰, 낙찰 등 용어

• 진행 : 매각기일에 정상적으로 입찰 가능.

• 유찰 : 매각기일에 입찰자 없어 매각 안됨.

• 낙찰 : 입찰자가 있어 최고가에 매각.

• 취하 : 채권자가 경매신청 철회.

• 기각 / 각하.

• 대납 : 낙찰 후 대금지급기한 넘겨 납부.

• 변경 : 경매기일이 연기.

3) 경매사건의 현재 상태를 알려 준다.

－ 진행 : 입찰일에 경매사건이 진행된다는 것이다.

매각기일 전 취하/변경/정지 등의 변동사항이 없는 상태를 말한다.

당초 정해진 입찰기일에 경매가 진행되지 않는 사건에 입찰표를 내는 사람들을 가끔 본다. 정해진 입찰기일에 법원으로 출발하기 전에 입찰하고자 하는 물건이 정상적으로 진행되는지 반드시 대법원경매정보 사이트에 들어가서 확인하고 가야 한다.

원거리 법원의 경우 시간과 비용지출이 크기 때문에 입찰일 2~3일 이내에 서류가 접수된 경매사건은 담당 경매계에 입찰여부를 문의하여야 헛걸음을 안 할 수 있다.

(1) 유찰

매각기일에 입찰하고자 하는 사람이 없어 매각되지 아니한 경우를 말한다. 유찰된 뒤 다음 매각기일은 통상 1개월 이후에 지정되며 최저매각금액에서 20%(30%) 저감된 금액으로 진행된다.

(2) 낙찰

입찰자 중 최고가에 응찰한 사람에게 매도(팔린 것)된 것을 의미한다.
최고가에 응찰한 사람을 최고가매수인이라 말한다.
입찰하였으나 떨어진 것을 패찰이라 한다.

(3) 취하

경매신청 채권자가 경매신청 행위를 철회하는 것을 말하며, 매각(낙찰)된
후에는 최고가 매수신고인(낙찰자)의 동의가 필요하다. 다시 말해 채무자
가 채권자에게 채무(또는 상당액)를 변제하여 채권자가 경매신청을 철회한
것으로 경매절차를 진행하지 않음을 뜻한다.

(4) 미진

매각기일 전 기타변동사항에 의해 진행되지 않음을 뜻한다.

(5) 대납

낙찰 후 지정되는 대금지급기한을 넘겨 잔금을 납부한 경우를 뜻한다.
대금을 미납하게 되면 재경매기일이 지정되는데 지정된 재경매기일 이전
에 잔금과 지연납부에 대한 연체료를 납부하게 되면 대납으로 표시된다.

(6) 변경

경매절차 중에 새로운 사항의 추가, 매각조건의 변경, 권리의 변동 등으로
경매기일에 절차를 진행시킬 수 없을 때, 법원이 직권으로 경매기일을 변

경하는 것을 말한다. 예를 들어 경매개시결정에 대한 이의가 제기되고 변제증서가 첨부되는 등 그 사유가 상당하다고 인정되면, 법원 직권으로 입찰기일을 변경할 수 있다

통상 채권자의 기일연기신청에도 변경으로 표시된다. 채권자의 기일연기신청이 있을 때 2회까지는 신청을 받아들여 기일연기를 해 주고, 변경으로 표시한다.

(7) 정지

채권자 또는 이해관계인의 집행정지신청에 의하여 법원이 경매진행절차를 정지시키는 것으로서, 이때 법원에 일정한 금액을 공탁하여야 한다(집행정지).

(8) 기각

민사소송법상 신청의 내용(예 : 원고의 소에 의한 청구, 상소인의 상소에 의한 불복신청 등)을 종국재판에서 이유가 없다고 하여 배척하는 것을 말한다.

(9) 각하

경매신청을 하였으나 서류 등 기본 형식을 갖추지 못하여 내용 검토 전에 경매신청서를 반려하는 것을 각하라 한다. 예를 들어 인지, 송달료 등을 보정기간 내에 보정하지 않는 경우.

(10) 연기

채무자, 소유자 또는 이해관계인의 신청에 의해 경매신청채권자의 동의를 얻어서 이미 지정된 매각기일을 연기하는 것으로서, 경매신청채권자의 연

기신청은 대부분 허가하는데, 2개월 이내의 범위에서 일반적으로 2회까지 허용하는데 자세한 사항은 담당 경매계에 문의해 봐야 한다.

채무자나 소유자가 연기 신청하는 경우에는 경매신청채권자의 동의가 필요하다.

4) 물건용도

(1) 건축물의 종류

− 단독주택 : 한 가구가 독립하여 살 수 있는 구조의 주택.

− 다가구주택 : 1개 동의 주택으로 쓰이는 바닥면적의 합계가 $660㎡$ 이하 주택으로 쓰는 층수(지하층은 제외한다)가 3개 층 이하이며, 19세대 이하의 주택이다.

　다가구주택은 1개의 주택으로 본다.

　• 아파트 : 주택으로 쓰는 층수가 5개 층 이상인 주택.

　• 다세대주택과 연립주택 : 주택으로 쓰는 층수가 4개 층 이하인 주택

− 근린주택 : 어디까지 주택(정부 규제정책 점검).

− 상가와 공장.

− 노유자 시설 : 경로당, 어린이집, 유치원.

주택 〉상가 : 주택

주택 ≤상가 : 주택 부분만 상가

(2) 토지의 종류 − 토지의 지목과 토지 용어

① **지목** : 토지의 사용목적에 따른 분류.

② **건물 부속 토지**

 ⊙ 대지 : 주거·사무실·점포 및 부속시설물의 부지 또는 택지조성공사가 된 토지.

 ⓛ 공장용지 : 공장시설물의 부지 또는 공장부지조성공사가 된 토지.

 ⓒ 학교용지 : 학교의 교사와 이에 접속된 체육장 등 부속 시설물의 부지.

 ⓔ 창고용지 : 보관시설물의 부지와 이에 접속된 부속시설물의 부지.

 ⓜ 종교용지 : 교회·사찰·향교 등 건축물의 부지와 이에 접속된 부속시설물의 부지.

 학교용지와 종교용지는 입찰가능여부를 확인하여야 합니다.

③ **농지**

 농지를 낙찰받는 경우에는 농지취득자격증명원을 제출하여야 합니다.

 ⊙ **전** : 물을 상시 사용하지 않고 곡물, 원예작물 등의 식물을 주로 재배하는 토지.

 ⓛ **답** : 물을 상시 이용하여 미곡, 연, 미나리 등의 식물을 주로 재배하는 토지.

 ⓒ **과수원** : 과수류를 집단적으로 재배하는 토지와 이에 접속된 저장고 등 부속시설물의 부지.

 ⓔ **목장용지** : 축산업 및 낙농업을 하기 위해 초지를 조성한 토지.

④ **기타**

 ⊙ 임야 : 산림 원야(原野)를 이루고 있는 수림지, 죽림지, 암석지, 자갈땅, 모래땅, 습지, 황무지 등의 토지.

 ⓛ 하천 : 자연의 유수가 있거나 있을 것으로 예상되는 토지.

ⓒ 구거 : 용수 또는 배수를 위해 일정한 형태를 갖춘 인공적인 수로, 둑 및 그 부속 시설물의 부지와 자연의 유수가 있거나 있는 것으로 예상되는 수로부지.

ⓔ 유지 : 일정지역 내에 물이 고이거나 상시적으로 물을 저장하고 있는 댐, 소류지, 호수, 저수지, 연못 등의 토지.

ⓜ 도로

ⓗ 묘지

ⓢ 잡종지

- 갈대밭, 실외에 물건을 쌓아두는 곳, 돌을 캐내는 곳, 흙을 파내는 곳, 야외시장, 비행장, 공동우물.
- 영구적 건축물 중 변전소, 송신소, 수신소, 송유시설, 도축장, 자동차운전학원, 쓰레기 및 오물처리장 등의 부지.
- 다른 지목에 속하지 않는 토지.

⑤ **토지 관련 용어**

ⓐ 선하지 : 고압선 아래의 토지.

ⓑ 맹지 : 도로와 접하지 않은 토지.

(3) 입찰보증금, 재경매

① **입찰보증금**

입찰보증금은 최저매각가의 10%이며, 잔금을 납부하지 않은 재매각 사건인 경우에는 입찰보증금이 20% 또는 30%인 경우도 있다. 입찰하고자 하는 물건의 입찰보증금을 반드시 확인하여야 한다.

입찰보증금이 20% 또는 30%의 재경매 사건이라면 왜 잔금납부를 안

하였는지를 검토해 봐야 한다.

입찰보증금을 10원이라도 적게 넣으면 최고가로 입찰하였음에도 입찰이 무효로 되어 최고가매수인이 될 수 없음으로 입찰보증금은 정확하게 입찰봉투에 넣어야 한다.

그럼으로 입찰 준비할 때 끝전까지 수표 1장으로 발급받아 준비하는 것이 편리하고 정확하다.

② **채권자, 채무자, 소유자**

- 채권자 : 돈을 빌려준 사람 원고.
- 채무자 : 돈을 빌린 사람 피고.
- 소유자 : 부동산의 주인.

보통 채무자와 소유자는 같은 사람이지만 다른 경우도 있다. 부동산이 없는 채무자가 돈을 빌리기 위해 부동산을 소유하고 있는 사람의 부동산을 담보로 제공하게 하는 경우도 있다. 이때 소유자를 물상보증인이라 한다.

예를 들어 아버지의 아파트를 담보로 아들이 돈을 빌리는 경우에 아버지는 소유자이며 물상보증인, 아들은 채무자이다.

경매사건에서의 채권자는 경매를 신청한 사람을 말한다.

③ **감정가, 최저가, 낙찰가**

㉠ 감정가 : 일반적으로 해당 경매물건에 대하여 법원이 감정법인을 통해 타당한 가격을 매긴 것이다. 감정평가한 날과 입찰하는 날의 시차가 최소 5개월 이상이 되고, 감정평가사에 따라 평가금액이 달라질 수 있으므로 무조건 감정평가금액을 믿어서는 안 되며 반드시

직접 실지거래금액을 확인하여야 한다.

감정평가를 하는 경우는 2가지 경우인데 하나는 금융기관에서 대출을 발생시키기 위하여 하는 감정평가와 하나는 부동산경매를 위한 감정평가이다.

일반적으로 대출을 해주기 위해서 하는 감정평가는 시세보다는 낮게 감정평가를 하게 된다. 왜냐하면 시세보다 낮아야 금융기관의 리스크가 낮아지기 때문이다.

부동산경매를 위한 감정평가는 시세보다 높게 하는 경향이 있다. 왜냐하면 채권자, 채무자, 법원 모두 감정평가액이 높아야 유리하기 때문이다.

ⓒ **최저가** : 법원에서 매각을 허가할 수 있는 최저가격을 말한다.

최저가격에 미달하여 쓴 사람의 입찰을 무효화 한다.

처음 경매가 시작할 때는 감정가를 최저가로 시작하여 한 번 유찰될 때마다 20%~30% 저감된다.

ⓒ **낙찰가** : 최저가 이상에서 입찰한 입찰자 중 가장 높은 가격을 쓴 사람이 최고가매수인으로 되고, 1주일 뒤에 매각허가결정이 되면 매수인(낙찰자)이 되는 것이다.

－ ㎡, 평, 평형 등

㎡을 평으로 바꾸려면 0.3025를 곱한다.

평을 ㎡로 바꾸려면 3.3058을 곱한다.

ⓔ 100평 ×3.3058= 330.58㎡

100㎡ ×0.3025= 30.25평

ⓔ **평형**

부동산경매물건은 ㎡로 나타나지만, 일반적으로 익숙한 것은 평인데 아파트 등 집합건물의 경우 전유면적으로 나타난다.

전유면적 + 공용면적 = 평형이다.

ⓜ 제시외 : 제시외물건 혹은 제시외건물이라 한다.

공부상 서류인 등기부등본이나 건축물대장에 기재되지 않지만 실제는 존재하는 건물을 제시외라 한다.

주택에서 제시외는 보일러실, 창고, 옥탑방, 화장실 등에서 많이 존재한다.

제시외 건물이 있는 경우에는 제시외 부분이 감정평가가액이 포함되어 있는지를 확인하고, 합법화가 가능한 물건이지도 확인하여야 한다.

- 유치권, 법정지상권
- 농지취득자격증명원

(4) 부동산경매절차

① 입찰 진행 절차

1. 입찰개시선언

2. 입찰절차안내와 취하, 연기 사건 안내

3. 입찰표 기재요령과 주의사항

4. 입찰표 교부 및 접수

5. 입찰마감선언과 입찰표 분류

6 .개찰선언 후 개찰

7. 입찰종료선언

② 공유자의 우선매수

부동산경매가 진행 되는 중에 경매가 경매가 진행되지 않은 나머지 지분권자가 우선적으로 매수할 수 있는 권리.

③ 차순위 입찰신고

최고가 입찰자 이외의 입찰자 중 최고가 입찰액에서 보증금을 공제한 액수보다 높은 가격으로 응찰한 사람은 차순위 입찰신고를 할 수 있다,

④ 상계신청

채권자가 매수인인 경우 - 배당받을 금액과 납부할 금액의 상계를 신청할 수 있다.

1주일 이내에 신청 - 상계신청이 허가되면 낙찰일로부터 1개월 이내에 배당 및 잔금기일이 지정된다.

⑤ 임차권

임차권은 일정한 금전을 주고 부동산을 빌리는 계약을 하고, 빌린 부동산을 사용하고 수익할 수 있는 권리이다.

부동산경매에서 뿐만 아니라 사회생활에서도 도움되는 것이 임차권에 대한 지식이다.

부동산을 빌려주는 사람을 임대인, 부동산을 빌리는 사람을 임차인이라 한다.

부동산경매와 실생활에서 알아두어야 할 부분을 주택임대차보호법을 중심으로 알아본다.

부록 2

주택임대차
보호법

주택임대차보호법

말 그대로 주택의 임대차에 관한 내용을 법으로 규정함으로써 국민 주거 생활의 안정을 보장하기 위한 법이다. 경매 사건에거 권리분석 또는 명도에서 중요한 역할을 하는 법이다.

1. 주택임대차보호법

....

대한민국 최고의 법은 헌법이고, 그 아래 법률, 시행령, 시행규칙 순서로 되어 있다.

제1조(목적) 이 법은 주거용 건물의 임대차(賃貸借)에 관하여 「민법」에 대한 특례를 규정함으로써 국민 주거생활의 안정을 보장함을 목적으로 한다.

해설 | 민법에도 임대차관련 규정이 있음에도 주택임대차보호법을 제정하게 된 것은 임차인을 보호하기 위함이다. 그럼으로 법률적용에 임대인과 임차인이 평등하여야 하나 주택임대차보호법에서는 임대인보다는 임차인이 대우를 받는다 할 수 있다.
민법은 일반법, 주택임대차보호법은 특별법이라 한다. 일반법과 특별법이 다투게 되면 특별법 우선의 원칙에 의해 특별법이 이긴다.

제2조(적용 범위) 이 법은 주거용 건물(이하 "주택"이라 한다)의 전부 또는 일부의 임대차에 관하여 적용한다. 그 임차주택(賃借住宅)의 일부가 주거 외의 목적으로 사용되는 경우에도 또한 같다.

해설 | 상가이면서도 주거목적으로 전입을 하고 거주를 한다면 주택임대차보호법의 적용을 받는다. 거주하는 물건이라면 무허가건물, 위법, 불법건축물, 미등기 주택의 임차인도 보호를 받는다. 새로 신축한 아파트는 준공검사가 늦어 등기가 되지 않은 상태에서 입주할 때가 많다. 이런 때는 전세권을 설정하고 싶어도 설정할 수가 없다. 이런 미등기 건물도 전입신고를 하고 확정일자를 받는다면 주택임대차보호법의 보호를 받는다.
그러나 단기여행용, 출장을 위한 임대차는 보호받지 않는다.

제3조(대항력 등) ① 임대차는 그 등기(登記)가 없는 경우에도 임차인(賃借人)이 주택의 인도(引渡)와 주민등록을 마친 때에는 그 다음 날부터 제삼자에 대하여 효력이 생긴다. 이 경우 전입신고를 한 때에 주민등록이 된 것으로 본다.

② 주택도시기금을 재원으로 하여 저소득층 무주택자에게 주거생활 안정을 목적으로 전세임대주택을 지원하는 법인이 주택을 임차한 뒤 지방자치단체의 장 또는 그 법인이 선정한 입주자가 그 주택을 인도받고 주민등록을 마쳤을 때에는 제1항을 준용한다. 이 경우 대항력이 인정되는 법인은 주택임대차보호법 시행령으로 정한다.

◆ 시행령 : 대항력이 인정되는 법인 1) 한국토지주택공사 2) 주택사업을 목적으로 설립된 지방공사

해설 | 대항력은 임차주택의 소유권이 제3자에게 이전되었을 때 일정한 요건을 가진 임차인은 새로운 소유자에게 임차권을 주장하는 것이다.
대항력이란 부동산경매를 통하여 주택소유권의 변동이 생기더라도 임대차계약기간동안 거주할 권리이고, 보증금을 전액 돌려받을 권리가 발생한다는 것이다.
주택의 인도와 전입신고를 한 다음 날 0시부터 효력이 생긴다.

주택에 입주하고 전입신고를 한 모든 임차인에게 대항력이 있는 것은 아니다. 대항력의 요건을 갖추어도 그 시기가 말소기준권리보다 늦다면 임차보증금을 보장받을 수 없다.

대항력은 주택의 인도와 전입신고를 한 다음 날 0시에 효력이 생기며, 말소기준권리보다 전입일이 앞서면 선순위 임차인이다.

③「중소기업기본법」제2조에 따른 중소기업에 해당하는 법인이 소속 직원의 주거용으로 주택을 임차한 후 그 법인이 선정한 직원이 해당 주택을 인도받고 주민등록을 마쳤을 때에는 제1항을 준용한다. 임대차가 끝나기 전에 그 직원이 변경된 경우에는 그 법인이 선정한 새로운 직원이 주택을 인도받고 주민등록을 마친 다음 날부터 제삼자에 대하여 효력이 생긴다.

④ 임차주택의 양수인(讓受人, 그 밖에 임대할 권리를 승계한 자를 포함한다)은 임대인(賃貸人)의 지위를 승계한 것으로 본다.

제3조의2(보증금의 회수) - 우선변제권

② 제3조제1항·제2항 또는 제3항의 대항요건(對抗要件)과 임대차계약증서(제3조제2항 및 제3항의 경우에는 법인과 임대인 사이의 임대차계약증서를 말한다)상의 확정일자(確定日字)를 갖춘 임차인은「민사집행법」에 따른 경매 또는「국세징수법」에 따른 공매(公賣)를 할 때에 임차주택(대지를 포함한다)의 환가대금(換價代金)에서 후순위권리자(後順位權利者)나 그 밖의 채권자보다 우선하여 보증금을 변제(辨濟)받을 권리가 있다.

③ 임차인은 임차주택을 양수인에게 인도하지 아니하면 제2항에 따른 보증금을 받을 수 없다.

해설

2항 우선변제권 : 임차주택이 경매, 공매 등에 의하여 매각됨으로써 임대차관계가 소멸될 경우 매각대금으로부터 후순위 권리자, 기타 채권자보다 우선하여 변제 받을 수 있는 권리이다.

우선변제권이 성립되려면 확정일자를 받아야 한다. 확정일자는 임차보증금에 대한 우선변제권 행사를 위한 필수요건이다.

1) 요건 : 대항력요건(주택의 인도 + 주민등록전입) + 확정일자
   임차인은 우선변제권을 지키려면 배당요구종기일까지 주민등록을 전출하면 안 된다.
   배당요구종기일 내에 배당요구를 하고 배당요구종기일 후에 전출을 하면 우선변제권은 유지
   된다.
2) 발생시점 : 대항력 요건의 기준시점과 확정일자 중 늦은 날.
3) 확정일자 부여받는 방법
   ① 방문(기존)
      등기소, 동 주민센터 등
      주택임대차계약서 지참
      전입신고 후 세입자 본인이 신청 가능.
      수수료 600원
   ② 인터넷등기소 사이트 접속
      − 온라인 확정일자(2015.09.14. 이후)
      인터넷등기소
      주택임대차계약서 스캔 후 온라인 제출(계약당사자. 개업공인중개사, 변호사, 법무사)
      계약 체결 직후부터 가능.
      수수료 500원

3항 임차인은 임차주택을 비워 주지 않으면 보증금을 돌려받지 않는다. 부동산경매에서도 이사를 나와야 낙찰자가 명도확인서를 주고, 그것을 가지고 법원에 가야 보증금을 받을 수 있다.

제3조의3[임차권등기명령] ① 임대차가 끝난 후 보증금이 반환되지 아니한 경우 임차인은 임차주택의 소재지를 관할하는 지방법원·지방법원지원 또는 시·군 법원에 임차권등기명령을 신청할 수 있다.
② 임차권등기명령의 신청서에는 다음 각 호의 사항을 적어야 하며, 신청의 이유와 임차권등기의 원인이 된 사실을 소명(疏明)하여야 한다.
1. 신청의 취지 및 이유.
2. 임대차의 목적인 주택(임대차의 목적이 주택의 일부분인 경우에는 해당 부

분의 도면을 첨부한다).

3. 임차권등기의 원인이 된 사실(임차인이 제3조제1항·제2항 또는 제3항에 따른 대항력을 취득하였거나 제3조의2제2항에 따른 우선변제권을 취득한 경우에는 그 사실).

4. 그 밖에 대법원규칙으로 정하는 사항.

⑤ 임차인은 임차권등기명령의 집행에 따른 임차권등기를 마치면 제3조제1항·제2항 또는 제3항에 따른 대항력과 제3조의2제2항에 따른 우선변제권을 취득한다. 다만, 임차인이 임차권등기 이전에 이미 대항력이나 우선변제권을 취득한 경우에는 그 대항력이나 우선변제권은 그대로 유지되며, 임차권등기 이후에는 제3조제1항·제2항 또는 제3항의 대항요건을 상실하더라도 이미 취득한 대항력이나 우선변제권을 상실하지 아니한다.

⑥ 임차권등기명령의 집행에 따른 임차권등기가 끝난 주택(임대차의 목적이 주택의 일부분인 경우에는 해당 부분으로 한정한다)을 그 이후에 임차한 임차인은 제8조에 따른 우선변제를 받을 권리가 없다.

⑧ 임차인은 제1항에 따른 임차권등기명령의 신청과 그에 따른 임차권등기와 관련하여 든 비용을 임대인에게 청구할 수 있다.

해설 | 임차인이 임대차계약기간이 끝났음에도 보증금을 돌려받지 못할 때, 법원에 신청하여 임차권 내역을 등기부에 기재하는 것이다.
임차권등기명령이 된 주택의 권리분석을 할 때에는 등기부에 등재된 날을 기준으로 하지 않고, 임차인이 임차주택에 전입하고 확정일자를 받은 날을 기준으로 한다.

제3조의5(경매에 의한 임차권의 소멸) 임차권은 임차주택에 대하여 「민사집행법」에 따른 경매가 행하여진 경우에는 그 임차주택의 경락(競落)에 따라 소멸한다. 다만, 보증금이 모두 변제되지 아니한, 대항력이 있는 임차권은 그러하지 아니하다.

해설 ┃ 부동산경매에서 임차인이 법원에 배당요구를 하게 되면 당초 임차주택에 대한 임대차계약기간은 소멸하므로 임대차계약기간을 이유로 계속 거주할 수 없다. 선순위임차인의 임차권은 보증금 전액을 받지 않으면 소멸되지 않는다.

제3조의6(확정일자 부여 및 임대차 정보제공 등) ① 제3조의2제2항의 확정일자는 주택 소재지의 읍·면사무소, 동 주민센터 또는 시(특별시·광역시·특별자치시는 제외하고, 특별자치도는 포함한다)·군·구(자치구를 말한다)의 출장소, 지방법원 및 그 지원과 등기소 또는 「공증인법」에 따른 공증인(이하 이 조에서 "확정일자부여기관"이라 한다)이 부여한다.

◆ **시행령** : 확정일자부 기재사항

1) 확정일자번호
2) 확정일자 부여일
3) 임대인·임차인의 인적사항
4) 주택소재지
5) 임대차목적물
6) 임대차 기간
7) 차임·보증금
8) 신청인의 성명과 주민등록번호 앞 6자리

② 확정일자부여기관은 해당 주택의 소재지, 확정일자 부여일, 차임 및 보증금 등을 기재한 확정일자부를 작성하여야 한다. 이 경우 전산처리정보조직을 이용할 수 있다.
③ 주택의 임대차에 이해관계가 있는 자는 확정일자부여기관에 해당 주택의 확정일자 부여일, 차임 및 보증금 등 정보의 제공을 요청할 수 있다. 이 경우 요청을 받은 확정일자부여기관은 정당한 사유 없이 이를 거부할 수 없다.

◆ **시행령** : 주택의 임대차에 이해관계가있는 자의 범위

1) 해당 주택의 임대인·임차인

2) 해당 주택의 소유자

④ 임대차계약을 체결하려는 자는 임대인의 동의를 받아 확정일자부여기관에 제3항에 따른 정보제공을 요청할 수 있다.

제4조(임대차기간 등) ① 기간을 정하지 아니하거나 2년 미만으로 정한 임대차는 그 기간을 2년으로 본다. 다만, 임차인은 2년 미만으로 정한 기간이 유효함을 주장할 수 있다.

② 임대차기간이 끝난 경우에도 임차인이 보증금을 반환받을 때까지는 임대차관계가 존속되는 것으로 본다.

해설 | 주택임대차보호법에 의해 기본 임대차계약기간은 2년이다. 만약 임대인과 임차인간에 임대차기간을 1년으로 하였는데 후에 임차인은 임대차계약기간을 2년으로 주장할 수 있고, 반면에 임차인이 당초 계약대로 1년을 주장하는 것은 가능하다.

제6조(계약의 갱신) ① 임대인이 **임대차기간이 끝나기 6개월 전부터 1개월 전까지의 기간**에 임차인에게 갱신거절(更新拒絶)의 통지를 하지 아니하거나 계약조건을 변경하지 아니하면 갱신하지 아니한다는 뜻의 통지를 하지 아니한 경우에는 그 기간이 끝난 때에 전 임대차와 동일한 조건으로 다시 임대차한 것으로 본다. 임차인이 임대차기간이 끝나기 1개월 전까지 통지하지 아니한 경우에도 또한 같다.

② 제1항의 경우 **임대차의 존속기간은 2년**으로 본다.

③ **2기(期)의 차임액(借賃額)에 달하도록 연체**하거나 그 밖에 임차인으로서의 의무를 현저히 위반한 임차인에 대하여는 제1항을 적용하지 아니한다.

해설 | 이러한 경우를 묵시적 갱신이라 한다.

제6조의2(묵시적 갱신의 경우 계약의 해지) ① 제6조제1항에 따라 계약이 갱신된 경우 같은 조 제2항에도 불구하고 임차인은 언제든지 임대인에게 계약해지(契約解止)를 통지할 수 있다.

② 제1항에 따른 해지는 임대인이 그 통지를 받은 날부터 3개월이 지나면 그 효력이 발생한다.

해설 | 묵시적 갱신에 의해 임대차기간이 연장되었을 때, 임대인은 계약의 해지를 주장할 수 없으나 임차인은 계약의 해지를 주장할 수 있고, 임차인이 계약의 해지를 주장한 3개월 후에 임대인은 보증금을 돌려주어야 한다.

제7조(차임 등의 증감청구권) 당사자는 약정한 차임이나 보증금이 임차주택에 관한 조세, 공과금, 그 밖의 부담의 증감이나 경제사정의 변동으로 인하여 적절하지 아니하게 된 때에는 장래에 대하여 그 증감을 청구할 수 있다. 다만, 증액의 경우에는 대통령령으로 정하는 기준에 따른 비율을 초과하지 못한다.

◆ 시행령 : 증액청구는 약정한 차임 등의 20분의 1의 금액을 초과하지 못 한다.
증액청구는 임대차계약 또는 약정한 차임 등의 증액이 있은 후 1년 이내에는 하지 못 한다.

제7조의2(월차임 전환 시 산정률의 제한) 보증금의 전부 또는 일부를 월 단위의 차임으로 전환하는 경우에는 그 전환되는 금액에 다음 각 호 중 낮은 비율을 곱한 월차임(月借賃)의 범위를 초과할 수 없다.

1. 「은행법」에 따른 은행에서 적용하는 대출금리와 해당 지역의 경제 여건 등을 고려하여 대통령령으로 정하는 비율.
2. 한국은행에서 공시한 기준금리에 대통령령으로 정하는 이율을 더한 비율.

◆ **시행령** : 대통령령으로 정하는 비율이란 연 1할을 말한다.

대통령령으로 정하는 이율이란 연 3.5퍼센트를 말한다.

제8조(보증금 중 일정액의 보호) – 소액임차인 최우선변제금

① 임차인은 보증금 중 일정액을 다른 담보물권자(擔保物權者)보다 우선하여 변제받을 권리가 있다. 이 경우 임차인은 주택에 대한 경매신청의 등기 전에 제3조제1항의 요건을 갖추어야 한다.

② 제1항의 경우에는 제3조의2제4항부터 제6항까지의 규정을 준용한다.

③ 제1항에 따라 우선변제를 받을 임차인 및 보증금 중 일정액의 범위와 기준은 제8조의2에 따른 주택임대차위원회의 심의를 거쳐 대통령령으로 정한다. 다만, 보증금 중 일정액의 범위와 기준은 주택가액(대지의 가액을 포함한다)의 2분의 1을 넘지 못한다.

▶ 소액임차인 최우선변제

이 규정은 임차인의 강력한 권한이다.

전입일자와 보증금이 기준이 되고, 확정일자는 상관없다.

순위가 아무리 후순위라도 조건만 된다면 보증금 중 일정한 금액을 순위에 상관없이 최우선으로 변제받을 수 있는 것을 말한다.

1) 소액임차인 최우선변제권의 요건

(1) 보증금이 소액일 것

(2) 선순위 담보물권 설정일 당시의 기준금액 이하여야 할 것

선순위담보물권이 말소기준권리를 말하는 것은 아니다. 말소기준권리에서 (근)저당권, 담보가등기, 전세권을 말하며, 압류와 가압류는 소액임차인 판단 여부를 판단하는 기준등기가 아니다.

근저당권이나 담보가등기가 설정되어 있지 않으면 경매개시결정등기가 기준이 된다.

(3) 경매개시결정등기 전에 대항력을 갖추고 있을 것

경매개시결정기입등기일까지 해당 부동산에 전입한 임차인 중 말소기준권리일 현재 보호 범위 이하의 임차보증금을 가진 임차인이다.

(4) 배당요구종기일까지 배당요구를 할 것

배당요구종기일 이전까지 경매법원에 배당요구를 해야 한다. 확정일자 유무는 상관없으며 주민등록전입 유지기간은 배당요구종기일까지다.

낙찰 금액의 1/2 범위 내에서 배당된다.

※ 소액임차인 판단기준등기 '순위 상승의 원칙'이 발생

: 소액임차인이냐 아니냐의 판단 기준 등기는 때와 장소에 따라 변할 수 있지만, 한 번 말소기준등기는 영원하다.

2) 소액임차인 최우선변제 기준 (매각대금의 1/2 한도)

선순위근저당 설정일	지역구분	보증금	최우선변제액
2018.09.18. ~ 현재	서울특별시	11,000만 원	3,700만 원까지
	과밀억제권역(용인, 화성, 세종 포함)	10,000만 원	3,400만 원까지
	광역시(과밀억제권역과 군지역 제외) 안산, 김포, 광주, 파주 포함	6,000만 원	2,000만 원까지
	그 밖의 지역(광역시 군 포함)	5,000만 원	1,700만 원까지
2016.03.31.~ 2018.09.17.	서울특별시	1억 원 이하	3,400만 원까지
	과밀억제권역	8,000만 원	2,700만 원까지
	광역시 / 세종시(과밀억제권역과 군지역 제외) 김포, 광주, 용인, 안산시	6,000만 원	2,000만 원까지
	그 밖의 지역(광역시 군 포함)	5,000만 원	1,700만 원까지
2014.01.01. ~2016.03.30.	서울특별시	9,500만 원	3,200만 원까지
	과밀억제권역	8,000만 원	2,700만 원까지
	광역시(과밀억제권역과 군지역 제외) 김포, 광주, 용인, 안산시	6,000만 원	2,000만 원까지
	그 밖의 지역(광역시 군 포함)	4,500만 원	1,500만 원까지
2010.07.26.~ 2013.12.31	서울특별시	7,500만 원	2,500만 원까지
	과밀억제권역	6,500만 원	2,200만 원까지
	광역시(과밀억제권역과 군지역 제외) 김포, 광주, 용인, 안산시	5,500만 원	1,900만 원까지
	그 밖의 지역	4,000만 원	1,400만 원까지
2008.08.21.~ 2010.07.25	수도권 중 과밀억제권역	6,000만 원 이하	2,000만 원까지
	광역시(군지역과 인천시 지역 제외)	5,000만 원 이하	1,700만 원까지
	기타지역	4,000만 원 이하	1,400만 원까지
2001.09.15.~ 2008.08.20	수도권 중 과밀억제권역	4,000만 원 이하	1,600만 원까지
	광역시(군지역과 인천시 지역 제외)	3,500만 원 이하	1,400만 원까지
	기타지역	3,000만 원 이하	1,200만 원까지

▶ 과밀억제권역

1. 서울특별시

2. 인천광역시 중 제외지역
– 강화군, 옹진군, 중구 운남동 · 운복동 · 운서동 · 중산동 · 남북동 · 덕교동 · 을왕동 · 무의동, 서구 대곡동, 불로동, 마전동, 금곡동, 오류동, 왕길동, 당하동, 원당동, 연수구 송도매립지, 남동유치지역

3. 기타 지역 중 포함지역
– 의정부시, 구리시, 남양주시(호평동, 평내동, 금곡동, 일패동, 이패동, 삼패동, 가운동, 수석동, 지금동, 도농동에 한함), 하남시, 고양시, 수원시, 성남시, 안양시, 부천시, 광명시, 과천시, 의왕시, 군포시, 시흥시(반월특수지역 제외)

3) **확정일자임차인은** 경매개시결정등기 후에 대항력 요건을 갖추어도 우선변제권을 인정하나, 소액임차인은 경매개시결정등기 전까지 대항력 요건을 갖추어야 최우선변제권이 인정된다.

4) 대항력과 (최)우선변제권의 비교

구분	개념	요건	효과
대항력	집주인이 바뀌어도 임차기간 및 보증금을 반환받을 때까지 계속 살 수 있는 권리	① 주택의 입주 ② 주민등록 전입	보증금 전액에 대해 소유자, 매수인에게 대항
우선 변제권	후순위 권리자보다 우선하여 보증금을 변제받을 수 있는 권리	① 주택의 입주 ② 주민등록 전입 ③ 계약서상 확정일자	보증금 전액을 순위에 의해 우선변제
최우선 변제권	선순위 권리자보다 우선해 소액보증금을 변제받을 수 있는 권리	경매개시기입등기 전에 ① 주택의 입주 ② 주민등록 전입 (*보증금 소액)	보증금 중 일정액을 최우선 변제

5) 우선변제권 발생 시점에 따른 대항력 여부에 차이가 있으므로 부동산경매물건을 보게 되면 5개의 날짜를 적어 비교해 보아야 한다.

전입일 / 확정일자일 / 말소기준권리설정일 / 배당요구종기일 / 배당요구일

(1) 전입일이 말소기준권리보다 빠르면 선순위임차인임으로 배당요구를 하건 안하건 걱정할 필요 없다.

(2) 확정일자는 반드시 전입일과 합해져야 힘을 발휘한다. 주의 깊게 확인하여야 할 부분은 전입일과 확정일자일이 다른 경우이다. 이 경우에 후순위임차인은 낙찰자가 인수할 부분이 없지만, 선순위임차인인 경우에는 선순위임차인이 배당요구했다는 사실만 확인하고 확정일자는 제대로 챙기지 않아 낙찰자가 선순위임차인의 보증금을 인수하는 경우가 종종 있다.

(3) 말소기준권리설정일은 부동산경매 권리분석에서 중심이 되는 날이다. 이날을 기준으로 낙찰자가 인수하는 것이 있는지 여부를 알 수 있다.

(4) 배당요구종기일까지는 배당요구한 임차인은 임차주택에 전입을 유지하여야 한다. 즉 배당요구종기일 이후에 전출을 하여도 원래의 순위를 유지한다.

(5) 배당요구일도 챙겨야 하는 날이다. 자주 발생하는 사례는 아니지만 배당요구종기일 내에 배당요구를 한 선순위임차인이 배당요구종기일 내

에 배당요구 취소를 하는 경우가 있다.

① **전입 〉확정일자 = 근저당권**

배당은 안분하나 임차인은 대항력이 있으므로 부족분은 낙찰자가 인수.

② **전입 = 확정일자 = 근저당권**

우선변제권 없음, 대항력도 없음.

③ **전입 = 근저당권 〉확정일자**

우선변제권 없음, 대항력 없음.

제9조[주택 임차권의 승계] ① 임차인이 상속인 없이 사망한 경우에는 그 주택에서 가정공동생활을 하던 사실상의 혼인 관계에 있는 자가 임차인의 권리와 의무를 승계한다.

② 임차인이 사망한 때에 사망 당시 상속인이 그 주택에서 가정공동생활을 하고 있지 아니한 경우에는 그 주택에서 가정공동생활을 하던 사실상의 혼인 관계에 있는 자와 2촌 이내의 친족이 공동으로 임차인의 권리와 의무를 승계한다.

③ 제1항과 제2항의 경우에 임차인이 사망한 후 1개월 이내에 임대인에게 제1항과 제2항에 따른 승계 대상자가 반대의사를 표시한 경우에는 그러하지 아니하다.

④ 제1항과 제2항의 경우에 임대차 관계에서 생긴 채권·채무는 임차인의 권리의무를 승계한 자에게 귀속된다.

2. 등기부등본 보는 법(등기사항전부증명서)

....

등기사항전부증명서는 부동산의 권리관계 및 현황을 알 수 있는 서류인데, 등기부가 전산화되는 과정에서 부동산등기부등본이 명칭이 바뀐 것이다.

이 서류는 소유자가 아니더라도 주소만 알면 발급, 열람이 가능하다.

부동산경매에서 등기부등본은 가장 중요한 공적 문서 중 하나이다.

이들은 독립적으로 사용할 수 있으며, 별도의 등기부를 가지고 있다. 한 건물 전체에 토지는 공동 소유임으로 건물등기부에 함께 지분이 표시된다.

주로 아파트, 다세대빌라, 분양상가, 오피스텔, 아파트형공장이 집합건물이다.

등기부 내용 중 빨간줄로 그어진 부분은 해결되었다는 것이다.

등기부등본에는 일반건물과 집합건물에 대한 등기부등본이 있다.

일반건물의 등기부등본은 토지와 건물에 대한 등기부등본이 각각 있다.

집합건물에 대한 등기부등본은 토지와 건물이 내용이 하나의 등기부등본이 있다.

등기부는 표제부, 갑구, 을구로 구성된다.

그 내용은 다음과 같다.

1) 표제부

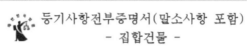

등기사항전부증명서(말소사항 포함)
- 집합건물 -

고유번호 1146-2007-003552

[집합건물] 서울특별시 강남구 도곡동 970외 1필지 도곡3차아이파크 제104동 제6층 제603호

【 표 제 부 】 (1동의 건물의 표시)

표시번호	접 수	소재지번,건물명칭 및 번호	건 물 내 역	등기원인 및 기타사항
1	2007년6월15일	서울특별시 강남구 도곡동 970, 971 도곡3차아이파크 제104동	철근콘크리트구조 (철근)콘크리트지붕 9층 아파트 1층 673.485㎡ 2층 646.437㎡ 3층 646.437㎡ 4층 642.321㎡ 5층 642.321㎡ 6층 642.321㎡ 7층 642.321㎡ 8층 642.321㎡ 9층 422.124㎡	도면편철장 1책323장
2		서울특별시 강남구 도곡동 970, 971 도곡3차아이파크 제104동 [도로명주소] 서울특별시 강남구 도곡로14길 21	철근콘크리트구조 (철근)콘크리트지붕 9층 아파트 1층 673.485㎡ 2층 646.437㎡ 3층 646.437㎡ 4층 642.321㎡ 5층 642.321㎡ 6층 642.321㎡ 7층 642.321㎡ 8층 642.321㎡ 9층 422.124㎡	도로명주소 2019년3월29일 등기

(대지권의 목적인 토지의 표시)

표시번호	소 재 지 번	지 목	면 적	등기원인 및 기타사항
1	1. 서울특별시 강남구 도곡동 970 2. 서울특별시 강남구 도곡동 971	대 대	6112.9㎡ 2045.6㎡	2007년6월15일

일반건물의 경우에는 땅과 건물에 대해 각각의 등기부등본이 있으므로 반드시 토지와 건물 각각의 등기부등본을 떼어 봐야 한다.

집합건물의 경우에는 토지는 하나인데 건물이 여러 개이고, 땅과 건물이 하나의 등기부등본으로 존재한다.

집합건물에는 아파트, 빌라, 오피스텔, 구분상가, 아파트형공장(지식산업

센터) 등이 있다.

집합건물의 등기부에는 2개의 표제부가 있다.

건물 전체의 표제부와 전유부분의 표제부이다.

건물 전체의 표제부에는 경매 진행 부동산이 있는 건물 전체의 내용이 있다.

(1) 집합건물, 총 9층 건물, 2007년 6월 15일 등기가 접수되었고, 각 층별 면적을 확인할 수 있다.

서울시 강남구 도곡동 970, 서울시 강남구 도곡동 971 대지 8158.4㎡ (2467.9평) 임을 알 수 있다.

(2) 대지권리란 집이나 건물이 지어져 있는 토지라는 의미이다.

2) 표제부(전유부분)

[집합건물] 서울특별시 강남구 도곡동 970외 1필지 도곡3차아이파크 제104동 제6층 제603호

【 표 제 부 】		(전유부분의 건물의 표시)		
표시번호	접 수	건물번호	건물내역	등기원인 및 기타사항
1	2007년6월15일	제6층 제603호	철근콘크리트구조 187.216㎡	도면편철장 1책323장

		(대지권의 표시)		
표시번호	대지권종류		대지권비율	등기원인 및 기타사항
1	1, 2 소유권대지권		7158.4분의 106.244	2007년4월27일 대지권 2007년8월1일
2				별도등기 있음 1토지(을구 04번 근저당권 설정 등기,을구 05번 근저당권 설정 등기,을구 71번 근저당권 설정 등기,을구 72번 근저당권 설정 등기) 2007년8월7일
3				2번 별도등기 말소 2009년4월14일

집합건물의 경우 전유부분과 공용부분으로 나누어진다. 전유부분은 소유

자가 독점적으로 사용하는 공간으로 출입문 내부의 부분이다.

공용부분은 계단, 엘리베이터, 관리사무소, 주차장 등이며 공동으로 사용하는 공간이다.

아파트의 경우 분양평형으로 24평형, 30평형, 40평형 등을 말할 때는 전유부분과 공용부분을 합한 면적을 말한다.

주의할 부분은 전용면적이 국민주택 규모 이하인지 국민주택 규모를 초과하는지 확인하여야 한다는 것이다. 국민주택 규모의 기준이 되는 면적은 $85㎡$이다.

일반적으로 분양면적 32평형~35평형은 전용면적이 $85㎡$ 이하이다. $85㎡$을 기준으로 취득세 세율이 변한다.

3) 갑구(소유권에 관한 사항)

【 갑 구 】 (소유권에 관한 사항)				
순위번호	등기목적	접 수	등기원인	권리자 및 기타사항
1	소유권보존	2007년8월1일 제61466호		소유자 조현국 470702-******* 서울특별시 서초구 서초동 1647-1 롯데캐슬스카아파트 101-703
2	가압류	2013년6월23일 제126660호	2013년6월23일 의정부지방법원의 가압류결정(201 3카단60479)	청구금액 금2,788,000,000 원 채권자 경기저축은행 주식회사 의정부시 의정부동 179-1
3	가압류	2013년11월22일 제278138호	2013년11월21일 서울중앙지방법 원의 가압류 결정(2013카단4 005)	청구금액 금2,000,000,000원 채권자 파산자주식회사신라저축은행의파산관재 인예금보험공사 서울특별시 중구 청계천로 30(다동)
4	3번가압류등기말소	2017년9월26일 제186066호	2017년9월18일 해제	
5	임의경매개시결정	2020년6월18일 제104166호	2020년6월18일 서울중앙지방법 원의 임의경매시결 정(2020타경106 419)	채권자 최말순 511207-******* 서울 동작구 서달로 91, 109동1902호(흑석동, 흑석한강센트레빌2차)

이 부동산의 소유권에 관한 사항을 알 수 있다. 소유권의 변동, 소유권에 영향을 주는 사건들이 기록되어 있다.

갑구에는 소유권에 대한 가등기, 가처분, 가압류, 압류, 경매개시결정 등에 관한 사항이 표시된다.

4) 을구(소유권 이외의 권리에 관한 사항)

【 을 구 】		(소유권 이외의 권리에 관한 사항)		
순위번호	등 기 목 적	접 수	등 기 원 인	권리자 및 기타사항
1	근저당권설정	2007년6월1일 제61457호	2007년6월4일 설정계약	채권최고액 금600,000,000원 채무자 조현국 서울 서초구 서초동 1647-1 롯데캐슬스파아파트 101-703 근저당권자 주식회사신한은행 110111-0012809 서울특별시 중구 태평로2가 120 (도곡남지점)
2	근저당권설정	2012년11월28일 제277637호	2012년11월28일 설정계약	채권최고액 금240,000,000원 채무자 최경수 서울특별시 서초구 서초동 1647-1 롯데캐슬스파아파트 101-703 근저당권자 주식회사신한은행 110111-0012809 서울특별시 중구 태평로2가 120 (도곡남지점)
3	1번근저당권설정등기말소	2012년11월30일 제280480호	2012년11월30일 해지	
4	근저당권설정	2013년2월1일 제26131호	2013년2월1일 설정계약	채권최고액 금260,000,000원 채무자 조현국 서울특별시 서초구 서초동 1647-1 롯데캐슬스파아파트 101-703 근저당권자 최말순 511207-******* 서울특별시 서초구 신반포로16길 19,11동 408호(반포동,신반포아파트)
4-1	4번근저당권가처분	2014년4월4일	2014년4월4일	피보전권리 채권자취소에 따른 원상회복청구권

을구에는 이 부동산에 대한 채무 내용을 알 수 있다. 모든 등기부에 을구가 존재하는 것은 아니다. 을구가 없는 등기부일수록 채무 관계가 없는 부동산일 수 있다.

일반적으로 부동산을 임차하기 위하여 등기부를 떼어 볼 때 을구가 없거나 을구가 존재해도 간단하고, 금액도 소액인 경우에는 부동산을 임차해도 안전한 부동산이라 할 수 있다.

5] 등기부등본 열람, 발급

등기부등본은 건물의 권리관계 및 현황을 알 수 있는 공적 서류임으로 반드시 발급, 열람 하는 방법과 등기부를 읽는 법을 알고 있어야 한다.

등기부등본은 소유자가 아니어도 주소를 알면 누구든지 발급, 열람할 수 있다.

등기부등본을 발급, 열람할 수 있는 방법은 많다.

(1) 인터넷에 연결된 PC가 있으면 대법원인터넷등기소에 접속하면 가능하다. 열람은 700원, 발급은 1,000원이고, 관공서 등 제출용 외에는 열람하면 된다. 결제는 카드나 휴대폰 소액결제로 가능하다.

열람이라 하여 화면에 있는 등기부등본을 읽는 것이 아니라 프린트가 가능함으로 열람하면 된다.

인터넷이 안된다면 등기소, 법원, 가까운 구청에 가면 무인발급기가 있으니 이용하면 된다. 휴일에도 발급이 가능하다.

민원24 → 고객지원센터 → 무인발급기 안내

다산콜센터 : 지역번호 + 120

6] 권리분석

경매입찰에 입찰하여 낙찰받고 잔금납부한 뒤에 낙찰자가 인수할 부분이 있는지를 확인하는 것이다.

권리분석 뒤에 낙찰자가 잔금납부 이후에 인수할 금액이 있는 걸 알지 못하고 인수하는 경우에는 시세보다 더 비싸게 구입하는 결과를 초래한다.

(1) 권리분석에서 중요한 날짜

- 배당요구종기일
- 전입일
- 확정일자
- 배당요구일
- 말소기준권리 설정일
- 임차인 우선변제권의 기준은 전입일자와 확정일자 중 늦은 날짜를 배당기준일과 비교한다.

(2) 권리분석에 필요한 법률, 시행령, 규칙

- 민사집행법
- 주택 및 상가임대차보호법
- 국세기본법, 근로기준법
- 법원실무제요(법원행정처)

(3) 말소기준권리 찾기

말소기준권리는 경매부동산에 존재하는 권리들이 낙찰자에게 인수되는지 말소되는지를 결정하는 권리이다.

말소기준권리가 되는 것은 근저당권, 가압류, 담보가등기, 전세권, 경매개시결정기입 등기이다.

이 권리들 중 가장 먼저 나오는 것이 말소기준권리이다.

말소기준권리 이후에 나오는 권리는 말소기준권리 포함하여 잔금납부 이후에 말소된다.

말소기준권리 이전에 나오는 권리 중 배당받지 못하는 권리는 낙찰자가 인수한다.

(4) 권리분석 순서

등기부등본의 갑구와 을구에 나오는 권리들과 법원기록의 임차인 기록에서 임차인 전입일, 확정일자, 배당요구일을 날짜 순서로 정리한다.
날짜 순서로 정리한 권리 중 근저당권, 가압류, 담보가등기, 전세권, 경매개시결정기입 등기 중 가장 먼저 나오는 것이 말소기준권리이다.

(5) 말소주의 · 인수주의 원칙

- 말소주의는 경매가 완료되면 등기부상의 모든 권리가 말소기준권리와 함께 말소되는 것이다.
- 인수주의는 경매가 완료되면 말소기준권리 보다 먼저 성립된 일정한 권리는 낙찰자가 인수하는 것이다.
- 인수할 권리가 있는 물건을 무조권 입찰대상에서 제외할 필요는 없다. 인수하는 것을 알고 입찰하는 경우에는 장점도 많다.
  장점 : 취득세 절약, 낮은 경쟁률, 관리비 연체가 없다, 명도 난이도가 낮다, 수익률이 높다.

(6) 권리의 종류

① (근)저당권

저당권은 돈을 빌려 줄 때 채권자는 채무자에게 채권을 담보하기 위한 방법으로 채무자나 보증인 소유의 부동산등기부에 얼마에 빚졌다는 내용을 기재해 둘 수 있으며, 약속한 날짜에 갚지 않을 경우 그 부동산을 강제처분하여 돈을 돌려 받을 수 있는 권리이다.

당사자 간의 계약에 의해 성립하는 약정담보물권임으로 채무자가 변제 약속을 지키지 못하였을 때, 채무자의 동의없이 경매를 진행할 수 있다.

근저당권도 저당권 중 하나이며 채무자와의 계속적인 거래계약 등에 의해 발생할 수 있는 장래의 채권을 일정한 한도 내에서 담보하는 저당권이다.

근저당권과 저당권은 경매신청권과 우선변제권이 있다.

② **가압류**

금전으로 환산할 수 있는 채권에 대하여 장래에 실시할 강제집행이 불능이 되거나 곤란할 염려가있는 경우에 미리 채무자의 재산을 압류하여 확보함으로써 강제집행을 보전함을 목적으로 하는 처분이다.

즉, 금전 등으로 환산할 수 잇는 채권의 집행을 보전할 목적으로 미리 채무자의 재산을 동결시켜 채무자로부터 해장 재산에 대한 처분권을 잠정적으로 제한하는 것이다.

③ **가등기**

가등기는 미래에 어떤 조건이 완비된 뒤에 있게 될 본등기의 순위를 확보하기 위한 예비등기로 담보가등기와 소유권이전청구권보전가등기가 있다.

등기부에 설정된 가등기가 담보가등기인지 소유권이전청구권가등기인지 여부는 알 수가 없다. 가등기권자가 경매를 신청하였거나 경매가 진행되어 가등기권자가 배당요구를 하였으면 담보가등기, 배당요구를 하지 않았다면 소유권이전청구권 가등기로 본다.

말소기준권리 이후에 설정된 가등기는 무시해도 되고, 말소기준권리 이전에 설정된 선순위가등기인 경우에는 낙찰 이후에 본등기하여 소유권을 뺏길 수도 있으니 조심하여야 한다.

가등기는 그 자체로는 완전한 등기로서의 효력이 없으나, 후에 요건을 갖추어 본등기를 하면 그 순위는 당초 가등기가 설정된 때를 기준으로 확정된다.

말소기준권리보다 후순위인 가등기는 담보가등기든 소유권이전청구권보전가등기든 매각으로 인해 모두 소멸 대상일 뿐이다.

④ **전세권**

전세금을 지급하고 타인의 부동산을 일정기간 그 용도에 따라 사용·수익한 후, 그 부동산을 반환하고 전세금의 반환을 받는 권리이다.

전세권자는 전세금의 반환에 관하여 다른 채권자보다 우선변제를 받을 권리가 있다.

토지 위에 있는 건물에 전세권을 설정한 때에는 전세권의 효력은 그 건물의 소유를 목적으로 한 지상권 또는 임차권에 미친다. 이 경우, 전세권 설정자는 전세권자의 동의 없이 지상권 또는 임차권을 소멸하게 하는 행위를 하지 못한다.

전세권이 말소기준권리가 되기 위해서는 건물전체에 대한 전세권이어야 한다.

예를 들어 하나의 주택을 여러 사람이 일부분을 점유하며 전세권을 설정하는 경우에는 선순위 전세권이라도 말소기준권리가 될 수 없다.

하나의 부동산 전부를 점유하며 전세권이 설정되어 있는 경우에 말소기준권리가 될 수 있다.

⑤ **경매개시결정기입등기**

경매신청이 들어오면 법원은 신청서와 첨부서류에 의해 강제집행의 요건, 집행개시요건 및 강제경매에 필요한 요건(압류금지부동산인지 여부 등) 등에 관해 형식적 심사를 통하여 신청이 적합하다고 인정되면 경매개시결정을 한다. 이를 등기관에게 통보해 경매개시결정 기입등기를 한다.

부동산경매에서 경매개시결정기입등기일은 말소기준 역할을 하는 경우가 있으며, 이 기입등기일 이전까지 전입한 임차인에 한해서만 주택 및 상가임대차보호법의 보호 대상으로 인정한다.

⑥ **지상권**

타인 소유의 토지에서 건물 기타의 공작물이나 수목을 소유하기 위해 그 토지를 사용·수익할 수 있는 권리를 말한다.

근저당권보다 선순위인 지상권은 소멸되지 않는다.

근저당권과 비슷한 시기에 설정된 지상권 중 근저당권자와 지상권자가 동일한 경우에는 경매가 끝나면 근저당권과 함께 지상권도 말소된다.

부동산경매에 의해 건물의 소유자와 토지의 소유자가 달라지는 경우에 건물 소유자는 법정지상권을 취득한다. 이때 토지소유자는 건물의 철거를 요구할 수 없다.

토지의 사용, 양도와 임대할 수 있고, 담보의 목적으로 삼을 수 있다.

지료의 지급이 지상권의 요건이 아님으로 당사자가 지료의 지급을 약정한 때에만 지급의무가 있다.

⑦ **가처분**

채권자가 금전채권 이외의 권리를 가지고 있을 때, 해당 대상물의 현상이 바뀌면 당사자가 권리는 실행하지 못하거나 이를 실행하는 것이 매우 곤란할 염려가 있을 경우에 인정되는 보전처분을 말한다.

채권자가 부동산소유권이전 또는 말소등기청구권, 소유물반환청구권, 매매목적물인도청구권, 임차물인도청구권 등과 같은 금전채권 이외의 물건이나 권리를 대상으로 하는 청구권을 가지고 있을 때, 채권자가 그 다툼의 대상에 대한 장래의 강제집행을 보전하기 위해 대상물의 현상을 유지하는 것을 목적으로 한다.

부동산경매에서는 권리분석에서는 처분금지가처분, 낙찰 후 명도할 때는 점유이전금지가처분을 알아야 한다.

처분금지가처분이 말소기준권리보다 선순위일 때에는 말소대상이 되지 않기 때문에 입찰해서는 안된다.

⑧ **법정지상권**

㉠ 경매로 인하여 토지와 그 지상건물이 다른 소유자에게 속한 경우에는 토지 소유자는 건물 소유자에 대하여 지상권을 설정한 것으로 보는 것을 법정지상권이라 한다.

㉡ 법정지상권 성립요건

- 저당권 설정시 토지와 건물의 소유자가 동일인.
- 경매, 매매로 토지와 건물의 소유자가 다르게 된 것.
- 등기를 필요로 하지 않는다.

㉢ 지료는 약정에 의해 결정되고, 합의되지 않을 경우 당사자의 청구에 따라 법원이 결정한다.

지료를 2기 이상 납부하지 않아도 법정지상권은 부정된다.

법정지상권이 성립이 안될 경우 건물철거소송을 하여 소유권을 행사할 수 있다.

㉣ 법정지상권 성립 여지 있는 물건에서 경매목적물인 아닌 입찰 외 지상건물의 임차인에 대한 배당은 소액최우선배당 및 순위배당에 포함된다.

토지만이 경매대상이 되고, 낙찰결과 소유자가 달라져 법정지상권 이 성립해도 그 지상건물의 임차인들은 배당받을 수 있다. 그러나 물권자인 전세권자는 법정지상권 성립 여지 있는 물건의 대지 매각 대금의 배당에는 참여하지 못한다.

⑨ 유치권

- 경매부동산 자체에 대한 채권.
- 채권자가 경매부동산 점유.
- 경매개시결정 이전에 발생한 채권.
- 유치권배제 특약이 없어야 한다.
- 우선변제권은 없고, 경매신청권 있다.

⑩ 분묘기지권

- 타인의 토지에 분묘를 설치한 자가 그 분묘를 소유하기 위하여 분묘의 기지 부분의 타인 소유 토지를 사용할 수 있는 권리.
- 분묘가 존속, 관리되는 동안은 분묘기지권이 존속되며, 등기가 필요하지 않고, 지료의 지급은 약정이 있지 않으면 지급하지 않아도 된다.

⑪ **토지별도등기**

집합건물은 토지와 건물이 일체가 되어 한 개의 등기부가 존재하여야

하지만, 토지와 건물의 등기부가 각각 존재하는 것.

대지권 : 집합건물 구분 소유자가 그 전유 부분을 소유하기 위해 집합건

물이 들어선 대지에 대해 가지는 권리.

감정가액 포함 여부를 확인하여야 한다.

7) 입찰과 낙찰 – 입찰 진행 절차

(1) 입찰개시선언

(2) 입찰절차안내와 취하, 연기 사건 안내

(3) 입찰표 교부 및 접수

(4) 입찰표 기재요령과 주의사항

8) 개인 입찰 준비물

- 입찰보증금
- 신분증
- 도장

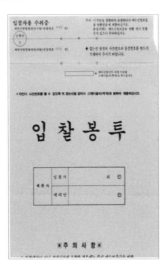

9) 법인 입찰 준비물

- 입찰보증금
- 대표이사 신분증
- 대표이사 도장
- 법인 등기사항 증명서
- 법인 인감도장
- 입찰마감선언과 입찰표 분류

10) 개찰선언 후 개찰

(1) 공유자의 우선매수

부동산경매가 진행되는 중에 경매가 경매가 진행되지 않은 나머지 지분권자가 우선적으로 매수할 수 있는 권리.

(2) 차순위 입찰신고

최고가 입찰자 이외의 입찰자 중 최고가 입찰액에서 보증금을 공제한 액수보다 높은 가격으로 응찰한 사람은 차순위 입찰신고를 할 수 있다.

(3) 농지취득자격증명

최고가 매수인

매각허가결정일 이전 제출

1,000평방미터 이상 : 영농계획서

(4) 상계신청

채권자가 매수인인 경우

배당받을 금액과 납부할 금액의 상계를 신청할 수 있다.

1주일 이내에 신청.
상계신청이 허가되면, 낙찰일로부터 1개월 이내에 배당 및 잔금기일이 지정된다.

11) 입찰종료선언

잔금납부, 대출

– 부동산 공유할 때 주의점

① **50% 지분** : 상대 동의 없이 임대, 매매 못함.

② **51% 경우** : 상대 동의 없이 임대할 수 있음.

③ **부동산 처분** : 반드시 동의 필요.

④ **약정서 작성** : 관리 및 수익배분 방법, 수익배분 지체시 지연이자 등에 관해 약정서 작성.

우리 가족이 필요한 **세금 체크 리스트**

우리 가족이 필요한 **세금 체크 리스트**

우리 가족이 필요한 **세금 체크 리스트**

우리 가족이 필요한 **세금 체크 리스트**

새우와 고래가 함께 숨 쉬는 바다

상속 · 증여 · 양도소득세
– 부동산을 중심으로 한 절세 포인트

지은이 | 이동현
펴낸이 | 황인원
펴낸곳 | 도서출판 창해

신고번호 | 제2019-000317호
초판 인쇄 | 2022년 02월 11일
초판 발행 | 2022년 02월 18일

우편번호 | 04037
주소 | 서울특별시 마포구 양화로 59, 601호(서교동)
전화 | (02)322-3333(代)
팩시밀리 | (02)333-5678
E-mail | dachawon@daum.net
ISBN 979-11-91215-38-0 (13320)

값 • 16,000원

Publishing Club Dachawon(多次元)
창해·다차원북스·나마스테